L'AMOUR SANS VISAGE

suivi de

LES LETTRES DU PÈRE

Hélène Waysbord est née à Argenteuil de parents militants communistes juifs originaires de Kojenice, en Pologne. Arrêtés successivement en 1942 et 1943, ils ont été déportés vers Beaune-la-Rolande, Drancy, puis Auschwitz. Hélène Waysbord est quant à elle recueillie par un artisan et sa femme dans un village de la Mayenne. À leurs côtés, elle a grandi dans l'anonymat, élevée comme une petite catholique.

Plus tard, elle a fait des études de Lettres classiques, obtenu l'agrégation et enseigné. En 1969, elle a rencontré François Mitterrand, avec qui elle s'est très vite liée d'amitié. Elle a alors concentré sa carrière autour de l'éducation et de la culture. Conseiller à l'Élysée pour les grands projets dont La Villette, le Grand Louvre, le musée d'Orsay, et l'Opéra Bastille, elle a aussi assuré le secrétariat des Universités nouvelles d'Île-de-France entre 1990 et 1992 (Versailles, Cergy-Pontoise, Marne-la-Vallée,) dans le cadre du plan Université 2000. Elle préside aujourd'hui l'association de la Maison d'Izieu.

L'Amour sans visage est son premier ouvrage de fiction.

HÉLÈNE WAYSBORD

L'AMOUR SANS VISAGE

suivi de

LES LETTRES DU PÈRE

CHRISTIAN BOURGOIS ÉDITEUR ◊

ISBN 978-2-267-02500-2

Avant-propos

L'Amour sans visage est un récit autobiographique dont la structure est un peu comme celle d'un manège où tout tourbillonne. L'impulsion initiale est donnée par un événement dramatique et ineffaçable : à la sortie de l'école, un jour d'octobre 1942, c'est une autre main que celles de ses parents (« partis en voyage », lui dira-t-on) qui se saisit de celle d'une petite fille, et pour elle aussitôt, elle le comprend, tout bascule.

Sauvée elle passera la guerre dans un village de l'Ouest, où ceux qui l'ont recueillie tiennent un café. Cette plongée dans la campagne de la France occupée, et ce qui lui fera suite, dans la prime jeunesse comme à l'âge adulte, tout repose sur un puits de silence – celui où ses parents ont disparu : le mouvement de ce livre est justement d'aller puiser à cette eau, de remonter de l'oubli vers la mémoire. Les lettres laissées par le père depuis les camps de transit (Beaune-la-Rolande, Drancy), qui ne seront ouvertes qu'à la majorité de l'enfant, si elles fonctionnent comme une preuve, sont en même temps des repères trop fragiles pour faire revenir les visages.

Ce sont elles pourtant qui ouvrent la quête sous-jacente à ce livre : retrouver, retrouver les traces de ceux par qui l'on est venu au monde et qui, eux, en ont disparu à jamais. Les souvenirs les plus lointains, ceux d'une petite fille juive d'Argenteuil, et ceux de voyages faits très longtemps après jusque dans le là-bas englouti des camps, puis toute la vie, toute une vie livrée en éclats, voilà ce que brasse ce livre, selon une écriture qui ne se relâche jamais et qui reste fidèle à la douleur qui la porte.

Les Lettres du père sont publiées à la suite du récit, certainement pas comme une annexe mais comme ce qui l'a ouvert et rendu possible, après qu'il eut été pendant des années tout simplement impossible à écrire. Or c'est cette impossibilité qui ici se dénoue : inutile de le dire, ce livre est tout entier bouleversant.

Jean-Christophe Bailly

Introduction

Dans ce volume, deux textes en regard : le « roman de l'orpheline » ou *L'Amour sans visage*, et *Les Lettres du père*. L'enfant, privée dans l'instant de père, de mère et davantage encore, fut contrainte de s'inventer un monde hors du temps. Le père, prisonnier à Beaune-la-Rolande, écrit et envoie des lettres clandestines entre novembre 1942 et février 1943, date du départ à Drancy. C'est l'année terrible. Pour un Juif, apatride et communiste, aucune chance de s'en sortir.

La fiction enfantine et le réel se répondent étrangement.

Pour l'enfant d'octobre 1942, la substitution d'une vie à la sienne s'effectue dans l'instant à la sortie de l'école maternelle. Elle n'a pas six ans et l'étoile ne lui est pas encore imposée. La mémoire vacille à cet âge, enregistre les traces des émotions les plus fortes, joie ou terreur. Deux images, fragments de scène, fixent l'arrachement : l'absence du père à la sortie de l'école et les mots prononcés par la femme étrangère venue la chercher, *parents partis en voyage.* Nuit et silence. Finie l'enfant entrée là quelques heures avant. Disparition. Aucun souvenir du tunnel traversé pour arriver à l'autre scène, le départ à la gare Montparnasse. Une main l'entraîne vers l'autre vie, une enfance campagnarde dans un café villageois. Allées et venues, conversations recouvrent la souffrance et le mutisme. Rien jamais ne sera dit du drame. Les parents continuent le voyage…

Pour bien grandir, en fidélité ou en révolte à ses origines, le roman familial accompagne chaque vie, les premiers mots, les tentatives de marche, les saillies notées par la famille. Dans mon cas, rien. Je fus d'un coup un être de confection, tel que voulu par les autres, obligée de constituer en secret mon roman familial, le roman du père, sur quelques empreintes, des étreintes, le désir de possession, les blessures. Ce fut la première écriture pour donner au père son visage. Confrontée à l'inexprimable, la mémoire sans souvenirs à l'aide de l'écriture va puiser profond dans le langage premier des sensations. Comment faire parler le corps profond, les viscères ? Les strates du temps se mêlent et le vécu présent invente un retour au passé oblitéré à jamais. La remémoration condense en un éclair une émotion de l'adulte et un tremblement de l'enfant d'autrefois, pour faire revenir le père adoré.

Dans un curieux échange, la fiction libère, elle permet de s'avancer jusqu'à ce qui ne fut jamais osé, osé pleinement, prendre le dossier interdit des lettres cachées et redoutées, l'ouvrir et lire.

Après la rédaction du roman l'évidence s'imposa. Comment ne pas l'avoir fait avant ? Dans cette recréation du parcours de mémoire sans souvenirs, je voulais donner existence à mes parents, un couple rayonnant, de jeunesse et de beauté, coupé dans la fleur de l'âge. Je poursuivais une ombre, mon père, son visage. Et pourtant l'évidence était là, je tenais entre mes mains depuis si longtemps le moyen de le faire revivre.

Miracle du temps, soixante-dix ans après j'ai lu. Lu comme l'enfant qui reçoit le message, et aussi, quand j'ai saisi les lettres à l'ordinateur, comme le père qui les écrit, adhérant à lui, à sa souffrance, à tout son amour.

Ses mots sont là, ils m'attendent. Tout le savoir cultivé pendant une vie pour interpréter les textes majeurs dans ma vie d'enseignante me conduit là, aux mots du père, retrempés de force dans l'extrême malheur, et la mort qui approche. Ses lèvres remuent, les mots en sortent jusque-là jamais entendus. Attentive enfin au legs majeur qui fonde ma vie. Pas un roman familial mais un témoignage dans l'histoire. Mon écoute les découvre dans un acte de piété familiale et d'attention qui selon Kafka était la forme moderne de la prière.

L'attention au réel en effet en recèle la force inépuisable, un monde s'ébranle dans les mots.

L'Amour sans visage et *Les Lettres du père* sont comme les pans coupés d'un unique miroir, malaisé à déplier pour voir au revers de ce que l'on voit. Derrière la poursuite fantasmatique, une figure forte et vraie. Une, puisque hélas la mère a disparu sans traces.

On suit dans ce volume le long chemin pour parvenir à mettre en reflet les deux images, mythique et réelle. L'écriture et la vie se fécondent, sans aucune priorité donnée à l'une ou à l'autre, ni de temps ni de cause. Le rêve révèle autant la réalité qu'il s'inscrit à sa suite. De l'un à l'autre une liberté se déploie et se fonde.

Hélène Waysbord

L'amour sans visage

Aurion

Descendre à la cave. Il le fallait.

L'enfant n'avait aucun moyen de s'y soustraire. Un escalier de bois, plutôt du genre escabeau, y conduisait, situé dans l'angle obscur du recoin où le bras noir du téléphone s'accrochait à son coffret luisant.

Comme une chose anodine, une tâche de rien du tout, l'ordre venait :
— Va chercher une bouteille à la cave.

L'enfant cherchait son souffle pour s'élancer et bien enchaîner : ouvrir la porte du gouffre noir, la bougie à la main, frapper plusieurs fois bien fort la première marche du pied droit, le plus déterminé. La semelle de la galoche faisait merveille et déclenchait du fond de la caverne un galop énorme, énorme, puis décroissant dans les profondeurs de la nuit.

Combien étaient-ils ?

À l'instant où le bruit s'éteignait, il fallait bondir dans l'odeur des barriques avinées pour extraire de sa cavité, sans la briser dans l'emportement, une bouteille couchée ; remonter quatre à quatre à la lueur vacillante de la flamme vers la bouche éclairée. Chandelle, bouteille et talon tourné, que de risques à maîtriser jusqu'à la remontée en un clin d'œil, pour ne pas être frôlée de la bête immonde.

Les rats des profondeurs, elle ne les vit jamais. Sauf une fois l'un d'eux, au grand jour, fuyant dans le caniveau de la cour arrière, entre les casiers, les hérissons à bouteille et la chaudière à bouillir le linge, depuis longtemps désaffectée.

Gros, pelage luisant.

De quoi vivaient-ils, en dessous ? Sur le sol de terre battue, rien à glaner sauf l'odeur acide des tonneaux. Le garde-manger était bien protégé.

Ivres et gras dans leurs chevauchées fantastiques.

J'en serais morte s'ils m'avaient touchée… Mais il n'y avait pas le choix. Seulement l'obligation de faire face – à la nuit, à la terreur, à la solitude. Avec des ingrédients bricolés, un enchaînement réglé à la seconde de gestes, de silences et de bruits. Une danse de mort dont l'enfant devait se tirer. Épreuves à répétition. Habileté sans habitude.

Elle était seule, sans poitrine où s'appuyer. Seule dans la cave. Très vite exercée à la performance, vigilante à tout, au moindre indice, devant trouver en elle au-dedans la densité de la pierre pour s'opposer. Se faire granit.

Il le faut. Rien n'entame la résolution. Aller au but par le chemin le plus efficace, de la vitesse la plus vite, et revenir avec la bouteille.

Pourrais-je aujourd'hui, à nouveau, m'ensevelir dans la réserve d'élixir et de nuit ? Sur la tête, une pierre fermée, loin de tout, de la vie étrange, étrangère qu'ont fabriquée tant d'années, pour descendre là, vers l'origine, ce cataclysme journalier, marque de la déshérence. Revenir dans la galopade démente, sans nom, sans visage, pour y convoquer à nouveau ma terreur et ma volonté et tailler à même le cauchemar, la matière fuyante du songe.

*

Comme l'ombre de la cave, le rêve de l'enfant était de nuit. Un même rêve revint la hanter dans la chambre étroite à la couette, à Aurion.

Écho, je l'ai compris depuis, des nuits d'alerte à Argenteuil, quand éveillé par la sirène, on devait bondir du lit jusqu'à l'abri de l'immeuble voisin. La topographie si particulière du lieu d'autrefois distribuait l'appartement en deux tronçons. En haut, la chambre pour le repos, en bas, de l'autre côté d'une cour commune, la cuisine et la boutique. Pour aller de la chambre à l'escalier commun qui menait à l'abri, il fallait traverser un balcon à ciel ouvert. Arrachée au sommeil, l'enfant contemplait un instant – qui s'étire, il est infini dans le sillage laissé dans la pensée – les trajets lumineux des fusées sur le ciel noir. Enserrée dans la poitrine du père, emportée dans sa course. Émerveillement sans peur. Le rapt de la nuit la ravit. Le danger est un jeu merveilleux à sauve-qui-peut.

À Aurion, le rêve qui s'inscrivait sur la page nocturne du ciel était aimanté de terreur tel un revenant, à maintes reprises, redouté, reconnu au premier signe de son approche. Comme maniés par une main invisible, des crayonnages colorés se déployaient sur le fond de la nuit. En traits discontinus, des pointillés se reliaient peu à peu pour faire apparaître une forme, comme dans les énigmes enfantines où il convient de chercher la figure dissimulée. Au miroir de la nuit, un visage va émerger. Qui ? Lui ?... L'Homme en majesté... le Père... le Dieu... l'Apocalypse ? Révélation interdite, arabesques de malédiction, l'achèvement du dessin va tuer.

L'enfant s'éveillait en sursaut dans la terreur d'avoir, une fois de plus, échappé. Sans comprendre que l'autre enfant lui parlait encore, lui faisait signe, de l'autre côté de la vie.

Comme si dans le cahier d'écriture du rêve la perte pouvait s'imager sans se dire.

Sur le village, le ciel est blanc. Ciel pâle de verre gelé.

Passé Noël et le Nouvel An, l'enfant fut inscrite à l'école publique, située à l'autre extrémité du village ; aux confins indécis près de l'hospice de vieillards et aussi des jardins ouvriers. L'habitat s'y dispersait, égrené parmi les terrains vagues avant la campagne.

Dehors, dedans, le froid règne sur toute existence. Les chiens grelottent. On se réchauffe à voir fumer les cheminées. Au petit matin, le village glacé, silencieux, engourdi sur lui-même, semble le jouet d'un enchantement.

Tous les hivers de la guerre se confondent en un unique trajet de gel et de sel, aller-retour deux fois par jour, de la gare jusqu'à l'école.

Sortir du sommeil emplumé sous la couette, se glisser dans les vêtements glacés. Pour la toilette, dans la cour la pompe, devenue asthmatique, émet un râle d'épuisement. L'eau du seau est emprisonnée sous la glace. À la briser, on risquerait d'y laisser le doigt, comme Ysengrin y perdit sa queue.

Rue de la Paix, puis de la Ferrière, les flaques claquent sous les galoches. Chaque matin, un pays neuf, comme purifié, stérile sous sa gaze blanche. Le froid enlumine les ornières et les caniveaux des ornements du gel, écume pétrifiée. Hiver acéré, l'air est empli de lames, les yeux, brûlés de sel vif. Sûr, le nez va tomber dans le cristal gelé du ciel et de l'air. Doigts roidis, lèvres gercées et pieds gelés. Pauvres pieds gourds d'engelures ! Et pourtant il fallait marcher.

À mi-chemin l'église, sur la place du Marché, marquait une pause, un réconfort. Dans le sens de l'aller du moins ne restait plus qu'à dévaler la rue des Prés ; l'école était proche.

Le rideau de la nuit s'écartait sur la masse sombre de l'église. On disait « la basilique ». C'était sa dénomination villageoise, pas « l'abbatiale » comme dans les livres où elle est ainsi désignée, en raison de l'importance à l'origine des premiers abbés, seigneurs guerriers et bâtisseurs, dans la confusion du bas Moyen Âge, après l'horreur des invasions germaniques. Ces abbés furent dès la fondation dotés de privilèges aristocratiques : lever la dîme, exercer les droits de haute, basse et moyenne justice.

À l'une des extrémités de la place, là où l'église se raccorde aux bâtiments conventuels plus tardifs, la construction gardait dans sa part romane une allure de château fort avec sa tour massive surmontée d'un donjon, plutôt que clocher, qui signalait au loin l'approche du village.

Dans le pays, qu'ils fussent abbés ou pas, les aristocrates suscitaient souvent la risée. La campagne environnante comptait autant de châteaux que d'étangs ; des familles dont l'origine remontait aux Croisades, marquis et comtes de vieille souche, le plus souvent désargentés, dont l'héritage était un fardeau. Ponts-levis rouillés, donjons branlants et filles à marier.

Et le villageois, demeuré manant, aimait volontiers brocarder les ridicules, les infirmités des ci-devant, la surdité de tel marquis de Carabas.

— Vous êtes un con, monsieur le Marquis.

— Oui, oui, bien sûr. Vous avez dit ?

On ne disait jamais « le père abbé », ni « le chanoine », mais « le curé ». C'était lui qui avait la responsabilité de ses ouailles. Jugé mauvais si des paroissiens il n'avait cure. Par contre, volontiers pardonné pour ses faiblesses, le goût du vin, le goût des femmes, qui en faisaient l'un des leurs.

La basilique méritait son nom. Elle était la base, l'expression condensée du village dans la succession des époques. Le temps visible de sa fondation.

Souvent en retard à l'aller, toujours pressée, l'enfant traversait d'un pas rapide la place du Marché, son regard cherchant à discerner sur la porte romane de la basse nef la trace demeurée du miracle. Sur fond grenat de la peinture, comme si elle avait été écaillée ou éclatée, une silhouette noire se détachait, reconnaissable entre toutes.

Assise de face et couronnée du diadème, l'une des épaules bosselée par la proéminence ronde d'un crâne. Aucun doute à identifier ces contours grossièrement dessinés, plutôt esquissés, tel un décalque, un découpage, ils faisaient surgir l'image de la Sainte Mère du village, *Notre Dame de l'Épine*. L'original était dans la quatrième chapelle, à l'intérieur. Soutenue par deux anges, la statue en bois de chêne lamé d'argent, *Maria*

Virgo, porte à senestre l'Enfant Jésus et, à dextre, la fiole de son lait virginal.

D'où venait donc l'empreinte sur la porte ? Résistance ? Miracle ? On racontait qu'un jour, des assaillants voulurent la briser. Sous leurs coups, la hache, au plus fort de l'œuvre sacrilège, fit voler en éclats le revêtement et dessina cette image, évidente pour les plus sceptiques. J'imagine qu'elle les fit détaler.

Qui étaient-ils, ces barbares ? Chevelus à moustaches, semblables à Clovis frappant le vase de Soissons sur les murs de la classe ? Ou bien silencieux, luisants et noirs, avec leurs bottes et leurs chiens ?

J'appris beaucoup plus tard que le forfait fut accompli lors de l'inventaire de l'Église, le 17 février 1906, et je compris du même coup pourquoi était si forte encore, lors de ma venue, la rivalité entre l'école du Sacré-Cœur et la laïque où je fus inscrite. Batailles épiques des gamins rangés, sitôt après la sortie de l'école. Attaquants sans respect pour les privilèges, munis de poires à lavement.

Le témoignage était demeuré, attesté sur cette porte : le sceau du temps.

Le ciel veille, toujours présent, la source lactée coule encore pour l'enfant ou pour qui pérégrine en butte aux malheurs, aux exils.

Un signe venu de l'origine quand Aurion n'était qu'une modeste chapelle dédiée à Marie par Thuribe, le bienheureux successeur de saint Julien sur le siège du Mans. Il parcourait les forêts, les champs de ruines pour prêcher la foi en Marie.

Quelle part d'histoire, ou de légende ? Comment distinguer ? Il y a des siècles de cela, un pèlerin venu de Terre sainte s'arrêta en ce sanctuaire. Une source jaillissante, des ombrages fleuris composaient un séjour de fraîcheur et de paix, tel qu'en un rêve. Le pèlerin recru de fatigue, déposant son bâton et sa gourde, suspendit aux branches d'une épine la relique rapportée d'Orient, l'ampoule du lait virginal, et plongea dans le sommeil. À son réveil un arbre puissant avait remplacé le mince arbuste. Les rameaux bruissant d'oiseaux formaient un dais sur le saint dépôt, et le parfum des aubépines blanches emplissait la clairière.

Enfants, nous avons tous sucé le lait de ces légendes, grandis à l'Auberge de la Grande Ourse et à celle de l'Ange gardien. Les reliques des saints, les processions, les reposoirs ont à jamais marqué nos saisons. Gloires et martyrs, apostasies, tortures tressaient les jours. Rituels funèbres, scandés par les battements de la cloche quand la nuit de novembre glacée enveloppait la procession des Reliques.

C'était la fête des Trépassés. En surplis de dentelle, les enfants de chœur, tous rassemblés, y portaient le trésor des ossements de la chapelle Saint-Crespin jusqu'à l'intérieur du couvent. La procession se déroulait lentement sous le ciel noir, au battement de la cloche unique, long et grave. Le glas de la nuit de novembre.

Étranges rites pour jeunes officiants, étranges tortures. À l'intérieur de l'église dans une chapelle de l'abside, l'enfant s'arrêtait souvent, médusée. Dans un cercueil de verre, saint Marcel à la gorge tranchée s'offrait aux regards, couché dans le velours pourpre, un collier de perles sanglantes à son cou de cire.

Pourquoi sa gorge tranchée ?

Marcel, c'était le nom de l'artisan. Quel crime, quelle culpabilité ? Il est brutal souvent, les yeux comme des pistolets armés, mais avec elle, jamais. Pourquoi condamné, à quel sacrifice ? Qu'a-t-il risqué en venant la chercher, gare Montparnasse ?

*

Hors de danger ?

Ils avaient échappé au plus dur. Le wagon s'ébranlait et l'artisan se mit à pester en lui-même contre tout ce qu'il venait de vivre : les Boches, sa peur, et l'inconfort de sa ceinture en flanelle trempée. Les reins fragiles, le ventre travaillé de spasmes, il serait mal jusqu'à l'arrivée. De longues heures à supporter.

L'enfant, il l'avait maintenant déposée sur la banquette, juste dans l'encoignure de la fenêtre. Il s'assit près d'elle pour la rassurer et pour mieux la dissimuler.

Elle n'avait pas ôté son manteau de peluche. Sage, avec le manchon assorti posé sur les genoux, elle ressemblait à une héritière qu'on emmène en villégiature. Trop huppée pour une enfant de village.

Quel départ dans la gare Montparnasse, quadrillée par tous ces gueulards arrogants à casquette ! *Raus, Raus. Arbeit, arbeit*… Des fusils à répétition.

Il était trop jeune en 14 à la Première, mais ses frères tous deux gazés à Verdun, comme ces salauds les avaient abîmés ! Bronches brûlées, peinant à reprendre le métier au retour. Le cadet avait même flanché, reconverti dans l'épicerie. Grâce à la fille des épiciers, un vrai laideron, comment avait-il pu l'épouser ? Même pour un magot. Mais celui-là, chercher un nid sous des jupons, c'était son genre.. Adieu les toits, les intempéries.

Lui, le jeunot de la fratrie, avait encore échappé. Ni 14 ni 40, l'armée lui avait été épargnée. Sa maladie… on l'avait cru un temps condamné. Ni mobilisation, ni débâcle. N'empêche, il avait eu son baptême du feu gare Montparnasse, en traversant à découvert parmi les lignes ennemies, une enfant juive à ses côtés.

Peur d'y rester, côté départ à Montparnasse ! Quel retour au Paris de sa jeunesse, la belle époque, le plaisir des troquets, du colin mayonnaise et Mogador après ! Heureux jours, l'amour et les premiers congés payés s'enchaînaient. C'était la grande vie, les loufiats qu'on claque du doigt, service, gratifications.

— Faut-il donner tant, est-ce bien ? disait Marie de son air apeuré, de reproche.

Pauvre petite, elle n'avait rien vécu à l'époque ; et il lui découvrait les manières du monde, le vrai, se voulant prince pour l'épater.

Cette fois, il aurait pu y rester. L'équipée lui avait tordu les boyaux, quand il tentait de se rassurer et tâtait au fond de sa poche la fausse carte d'identité.

Pourquoi soupçonner l'ouvrier bien vêtu qui tient par la main une fillette triste à pleurer ? Mais ils soupçonnent tout justement, et l'ouvrier, et l'enfant !

Rester calme. Allons, sans hâte, surtout sans hâte, enchaîner gestes et paroles. L'épreuve serait bientôt terminée. Pourtant sa voix avait tremblé quand il donna ses instructions à l'enfant :

— Je vais au guichet, là-bas, prendre ton billet. Attends-moi sans bouger, n'aie pas peur.

Et, la quittant, il lut sa propre peur reflétée dans le regard grave qu'elle lui tendait. Entre eux complicité à jamais.

Les copains n'avaient pas eu tort. Pourquoi y aller ? Qu'avait-il à faire de cette enfant étrangère ? C'est vrai, quelle folie avait pu le saisir, la promesse donnée de sauver l'enfant ? Que lui avait donc fait ce grand diable de Juif aux yeux clairs, connu depuis peu, qui plus est? Deux ou trois saisons seulement. Venu pour le ravitaillement, il s'installait quelques jours chez eux, au café.

La chaleur s'accumulait dans le compartiment confiné entre les paniers, les haleines. Il se pencha :

— Tu ne veux pas ôter ton manteau?

Depuis leur départ, elle était restée silencieuse, presque sans bouger. Que comprenait-elle au juste? Elle observait tout, attentive sans rien exprimer. Une métamorphose. Où était passée l'enfant gâtée, insupportable – il devait bien se l'avouer – même s'il ne partageait pas à son encontre l'irritation de Marie? Encore ce dernier été, elle n'aurait pu lâcher son père un instant, l'obsédait de réclamations et de cris pour la moindre fantaisie.

Ils en perdaient le plaisir de converser, eux les hommes, comme ils l'auraient voulu l'un et l'autre, à loisir, dans l'emportement des sujets qui les passionnaient. Mais la passion de l'enfant était la plus forte, le père ne pouvait se détourner et l'exclure.

Elle tourna lentement vers lui son visage rond et pâle. La mèche de cheveux roulée en coque au sommet de sa tête s'était défaite. La joue barrée, le regard incertain derrière la boucle réclamaient aide. Mais que faire? Pas d'enfant au foyer. Sept ans de noces, un bébé mort dans la débâcle sous le grand marronnier. Il n'avait jamais eu l'habitude de jouer à la poupée.

L'enfant l'intimidait. Retenu, il aurait aimé la rejoindre, mais les gestes pour l'apaiser, il ne savait où les trouver.

À sa question, elle acquiesça d'un sourire mince ; sous les cheveux le regard d'eau lavée semblait pleurer.

Un tel abandon ! Il en eut la gorge nouée et dut contenir ses larmes. Les voyageurs auraient pu questionner. La fidélité l'avait conduit jusqu'ici, respect du père et de l'ami. Parole d'hôte. Mais ce regard d'enfant changea tout. Plus d'hésitation ni de doute. Qui peut appartenir plus fort à l'autre que l'enfant perdue et sauvée ?

Elle était sienne, il sut pourquoi il avait accompli le voyage.

Remplacer le père auprès d'elle, inutile d'y songer. Elle l'adorait, le maintenait en servitude. Un homme empli de paroles et de rires. Jamais sur la défensive. Intarissable s'il évoquait la misère de la Pologne d'où il avait été expulsé et tous les combats à mener pour un avenir de justice.

Confiance ! La libération de l'homme était proche. La France avait su la première donner le coup d'envoi avec Voltaire et toute l'armée des philosophes, puis Hugo et Zola s'en étaient mêlés. Voilà pourquoi, interdit de séjour dans son pays, il avait choisi Paris où personne ne l'attendait.

Tant d'éloquence divertissait les clients du Café de la Gare. Bouche bée, ils recevaient de l'étranger leur propre histoire. La vraie légende du pays de la liberté, écrasé. L'artisan écoutait, les yeux pleins d'humidité. Plaisir d'esprit, d'humour relevé, fierté nationale, comment résister ?

Comment l'imaginer à présent ? En fuite, tous les périls le guettaient.

Étrange entêtement de sa part ce dernier été, après la rafle du Vel' d'Hiv. Pourquoi avoir refusé la solution qu'il lui proposait ? Il suffirait de patience ; rester caché dans une ferme, bûcheron au fond des bois. Qui serait allé le chercher ? On trouverait bien à loger sa famille. Peu de brutalité au village que les Boches redoutaient de quitter. Le front de l'Est, c'était leur terreur. Ils en prenaient les habitants à témoin, comme leurs plus proches confidents.

Comme prévu, le danger venait de s'abattre. Femmes, enfants, tout faisait ventre. Personne n'en réchapperait.

Trois mois avaient suffi en effet, le pire venait d'arriver. Au petit matin, l'arrestation par la Gestapo de la mère. Des Rouges avaient cueilli l'enfant à l'école, puis envoyé le message convenu à Aurion. Il s'était alors mis en route.

Il se souvint que sans y prêter vraiment attention, il avait entendu crier le nom de la dernière halte avant Aurion. Le compartiment s'était vidé. Ils allaient bientôt arriver.

Pour l'aider à descendre du train, l'artisan avait tendu la main à l'enfant. Du marchepied elle dut sauter dans le jet de fumée blanche qui balayait le quai, recouvrant tout, la pancarte et l'homme qui l'avait amenée. Il avait disparu. Autour d'elle, la nuée épaisse l'empêchait de rien discerner. Seule, isolée dans le voile épais, elle ne tenait que par la paume rugueuse et ferme qui l'enserrait.

Où étaient-ils ? Quels gens ici et quelles figures ?

Tout s'était brouillé et dissous en un instant, à la sortie de l'école. Elle retenait ses pleurs et sa vie. Se rétracter, n'être plus soi, n'être plus rien, rien qu'un battement du temps, instant après instant.

Où se poser et quel abri pour que cesse la fuite? Attente et doute au hasard la mènent. Un simple souffle d'enfant qui persiste dans la chaleur de l'autre main. La vie s'est tout entière repliée, là, au creux d'une paume.

Le chuintement de la locomotive s'éloignait et le rideau de brume s'était dissipé quand ils franchirent la petite barrière de la gare, blanche à hauteur de sa tête.

Elle était entrée dans un jardin, vaste, calme. Le silence l'enveloppa, elle entendit le silence. Deux grands arbres sur les pelouses encadraient l'allée où ils s'engagèrent. Les images à nouveau entraient dans son regard. Le long corridor noir s'ouvrait au jour.

Fin du voyage. Après l'immense gare sans limites, les aboiements, les cris. Et elle, plantée là, droite auprès de sa petite valise, attendant l'homme parti au guichet. Le regard dérobé pour ne plus voir, perdue en elle pour ne plus entendre.

Marchant aux côtés de l'homme, elle descendait l'allée, faisant crisser sous ses souliers les palmes jaunes et recroquevillées, en tas. Une odeur âcre montait du lit de feuilles et des bogues éclatées et luisantes, comme des hérissons éventrés.

Le calme s'était partout déplié sur les arbres, sur les pelouses avec un banc de bois raviné. Ils avançaient vers la longue façade vitrée donnant sur la gare, devant eux, au bout de l'allée.

L'artisan s'était tu, il était sombre dans ses pensées. Quand ils arrivèrent devant la porte, découpée entre les vitres claires, appuyant sur la poignée il poussa l'enfant devant lui. Elle entra, inquiète, sans savoir ce qui l'attendait de l'autre côté de la porte.

Les rideaux courts, à mi-hauteur des fenêtres, laissaient filtrer la lumière grise du jour qui s'achève. Les choses, une à une, sous leur enveloppe d'ombre, s'éteignaient. Heure toujours oppressante où le déclin du jour, celui de la saison se confondent pour distiller la disparition, la rendre, à chaque instant, sensible.

La grande salle était froide et déserte, comme vouée aux meubles en bon ordre qui l'habitaient. Deux rangées de tables alignées de chaque côté et les chaises qui les flanquaient. Le tout pouvait faire penser à un bataillon mobilier en déshérence dont l'usage était depuis longtemps oublié. Survivance d'une autre époque.

La patère à plusieurs têtes fixée dans l'angle ne portait aucun chapeau, ni cache-nez ; sur les murs nus un miroir oblong reflétait les courbes enchevêtrées des dossiers.

L'enfant était entrée par la porte des étrangers ; celle que poussaient les voyageurs sitôt débarqués, à la recherche d'un gîte où séjourner, se refaire, signalant par ce geste même leur absence de familiarité au lieu, à ses usages coutumiers.

Pour les habitués, nul besoin d'avoir accès à la grande salle désertée, il fallait bien plutôt s'en protéger tant le froid qui l'emplissait était vif, encore accru par la longue façade vitrée. Au matin, on allait tourner la clé de la porte donnant sur la gare, par habitude, comme pour en ménager l'accès au visiteur imprévisible, si rare en ces temps de difficulté.

C'était la porte ouverte au hasard ou à la destinée.

Hormis les voyageurs égarés, l'artisan, comme l'enfant devait plus tard l'éprouver, s'en était gardé l'usage exclusif. Son travail souvent l'éloignait. À chacun de ses retours au foyer, succédant à des jours d'absence, au soir, la porte s'ouvrait avec une intensité dramatique qui ne faiblit jamais au cours des années d'Aurion.

On connaissait la scène à l'avance. Elle était parfaitement réglée, en toute occasion identique.

Porte claquée, gorge raclée, du plus loin qu'il le pouvait, il signalait immanquablement son entrée. J'entends encore ce grondement, si fréquent, si particulier – il scandait ses journées et finit par remplacer chez lui toute autre forme d'expression – dont il usait comme d'un motif sonore pour marquer d'emblée son entrée, lui donner sens.

Cent fois la scène s'est rejouée et pourtant, malgré la répétition, au signal familier l'attente suspendait le jeu de cartes où Marie était engagée, et la crainte pesait sur le carré d'hommes acharnés à gagner on ne sait quelle étrange partie avec la femme.

Signes redoutés, chacun se tassait tandis que le trublion déboulait sans un mot et roulait sur la compagnie des regards de hargne, tel un méchant de mélodrame.

Se voulait-il redoutable, jaloux de l'aise et du plaisir que s'accordaient des rivaux jugés médiocres ? Ou craignait-il de surprendre l'intimité, la connivence dont il voulait tout ignorer ? Je ne pouvais alors y déceler un mal de vivre, une déception si forte qu'elle commençait à miner inexorablement sa santé.

Plus tard, je ne voulus entendre cette protestation souveraine. Une autre dévotion m'avait détournée.

L'artisan s'était effacé, la laissant d'abord pénétrer et elle s'avançait, incertaine, sur les dalles du péristyle glacé. Les triangles noirs de chaque pavé bougeaient sans cesse sous son regard. Des uns aux autres, ils se composaient en étoiles, défaites aussitôt que nées.

Devant elle, en une modeste enfilade, une salle plus petite prolongeait celle où elle venait d'entrer. Aucune porte pour les séparer ; une simple embrasure découpée au milieu de la cloison permettait de circuler.

L'enfant s'avançait à pas comptés. L'horloge du temps s'est arrêtée. Elle s'avance, l'enfant suspendue à l'attente. Émotions enfouies, tout est conservé de l'heure indécise où parmi les reflets quelqu'un cherche sa vie.

Les éclats miroitaient tout au fond, dans la vitrine qui se découvrait à son approche. Le jour fléchissant allumait de lueurs incertaines des rangées de verres, bien alignés derrière les panneaux vitrés.

Et la silhouette, jusque-là invisible, était maintenant venue s'encadrer dans l'embrasure. La taille prise, droite et mince, la beauté en blouse blanche s'immobilisa sur le fond de bois sombre aux poignées nickelées. Elle s'est arrêtée, sans un geste, sans tendre les bras. Pas un sourire des lèvres longues. Rien qui pût marquer un appel.

Recommençons, et cette fois, je t'en supplie, donne-moi un signe, le plus petit, tandis que j'avance, quêtant de toi mon salut et ma vie. Dis oui à ce visage d'enfant tendu vers toi.

Lancé par des yeux immenses, comme embués de tristesse, un éclair noir tomba sur l'enfant. L'image tremblée de la déesse emplit alors son regard. Les vagues brunes de la chevelure ondoyaient autour du visage. À ses oreilles, de fins anneaux d'or biseautés frémissaient dans la clarté.

Un regard de refus et d'effroi frappa l'enfant, comme un verdict. Dénégation sans frémissement. Non.

*

Dans le cocon des voix, l'enfant se déplie. Assise sur la margelle de la cheminée, tout près du poêle, collée à lui, elle finit par s'y brûler gravement. Les plaies aux jambes perdurent sans cicatriser. Le mauvais sang, dira la sœur infirmière préposée aux bandages et à la gaze.

Un ronronnement continu, entrecoupé de l'éclat des bûches ; les craquements secs et soudains excitent le brouhaha des voix. Rires, appels, jurons haussent d'un coup le ton. L'enfant absorbe, accumule la langue nouvelle, sans même entendre les mots, les noms. Aucune menace ne pèse. Elle est posée là, invisible parmi les choses comme l'horloge ou le chandelier.

Indistincte dans la salle commune. Rien de singulier. Pour les clients du café, aucune gêne suscitée ; jamais un pleur ni une réclamation. Il y a cette petite chose accroupie dans l'angle de la cheminée. On a fini par l'oublier.

Le froid cuisant fait de grandes embardées à travers la porte, derrière les bonshommes empaquetés qui pénètrent, tout fumants du froid de l'hiver. On se serre, on se frotte dans l'odeur de fumée, flanc contre flanc, museau à museau. Entrez vite ici, bonnes gens, vous réchauffer et rire un peu ! La vapeur se condense autour des bouches à chaque entrée.

Tant de souffles pour ranimer l'écho perdu de la voix. Aurion, la chance de l'enfant, sitôt le meurtre !

Aurion et son pépiement de basse-cour. Les noms de ses habitants se partageaient en deux catégories. Très nombreux, les prénoms, Marie, Madeleine ou Guillaume, témoignaient de la bâtardise dans ce pays où les hobereaux vivaient de longue date, mêlés à leurs culs-terreux. Les autres noms venaient directement de la gent animale. Poulain, Goret ou bien Mézenge.

Le maire s'appelait Rossignol. C'est lui qui, malgré ses réserves, ordonna de délivrer la fausse carte d'identité.

On aurait pu croire que le village dans son entier venait tout juste de quitter l'arche de Noé, le bon charpentier. Quand tout s'était englouti du monde perverti de violence, seul était demeuré cet enclos de campagne, ses eaux vives, ses cristaux de neige et les aubépines des haies.

Aurion, la naïveté encore de ses dévotions, ses grivoiseries et ses malices.

Le Café de la Gare, comme le nom l'indiquait, se trouvait immédiatement à portée du voyageur. En quelques pas, descendant la courte allée qui séparait les deux pelouses, il arrivait devant la porte de la baie vitrée.

Les parents y avaient débarqué un été, venant de Paris Montparnasse pour chercher du ravitaillement. Les hommes s'étaient aussitôt liés d'amitié, chose rare pour l'artisan portant partout son air renfrogné, lui dont le principe était de ne se faire emmerder par quiconque, à commencer par les clients.

Pourquoi s'étaient-ils installés là ? Comment s'y être fait accepter ? À l'époque déjà le café avait perdu son statut d'hôtel-restaurant. Seul dans la cour arrière l'immense chaudron de fonte pour les draps témoignait du passé, ainsi que les quatre chambres sur le palier.

Avaient-ils dormi dans la chambre jaune ? L'armoire de cerisier à l'ancienne entrebâillait ses battants luisants dans les nuits de l'enfant, pour délivrer des revenants. Mais l'éveil survenait avant.

C'était un lieu étrange, ce café. Plus la halte d'auberge d'antan, mais on ne pouvait le qualifier non plus de bistrot ou de troquet. Au mieux un estaminet, café-tabac dispensateur de délices prisées, si rares dans ces années.

À la différence de l'étranger venant de la gare, qui pénétrait par la grande salle, vide et glacée derrière ses vitres, la clientèle familière se pressait dans la salle commune, plus petite, autour de la table oblongue, couverte d'une toile cirée aux carreaux plus qu'à demi effacés.

Mais l'âme du lieu, sa vraie vie, se situait ailleurs. En ces fins assombries de jours d'hiver, comme mus par un ressort, à l'heure dite, les habitués envahissaient la cuisine exiguë, biscornue, toute de guingois entre les angles du fourneau et de l'évier de pierre pour les verres.

Assis autour de la petite table vouée aux repas – mais je ne pus jamais, pour maintes raisons, la voir ainsi – ils entamaient d'interminables parties. Minuscule, la pièce dans le souvenir est bruissante comme une place publique, un vrai forum où des hérauts clamaient les annonces. Étranges parties, avec ou sans atout, la passion des joueurs s'excitait de la présence de la femme. Elle jouait, je crois, assez mal, mais chacun voulait la prendre avec soi pour partenaire, afin d'avoir prise.

Parmi eux, Hector tranchait par son autorité. Grainetier de profession – il en exerça beaucoup d'autres, une fois la guerre finie – il avait pignon sur rue, une boutique et un entrepôt situé sur le trottoir opposé, juste face au café. Dans ces interminables tournois de cartes, sa voix de stentor dominait tout. Par sa faconde, son regard noir équivoque, de toutes les façons il prenait possession.

Quel lien de lui à la femme ?

Lui inspirant sans doute inquiétude, il était omniprésent. En ces temps de disette, il était le garant, grâce à sa force, son argent, ses relations avec l'occupant... sujet passé sous silence. Il protégeait l'enfant.

Depuis longtemps, la nuit est venue. Mon Dieu, le couvre-feu au papier bleu ! Les hommes quittaient en hâte pour retourner dans leur foyer, où attendaient les épouses rechignées et pieuses. Jusqu'à demain !

Passer à table à la sauvette. Il était tard déjà et l'école tôt matin. Mais plus de pain ! Marie faisait tout en un tour de main, à l'étourdie, sans penser.

— Va vite chez le boulanger.

Et il fallut pour l'enfant sortir dans la nuit de la guerre, si noire sur le village. Une noirceur qu'on ne peut plus imaginer, sauf si l'on survole le continent Afrique. Au premier carrefour, juste après la maison du maire, s'engageait à droite la rue de la Ferrière, longue et sinueuse entre ses maisons basses et ses ruelles.

La nuit se peuple de silhouettes fantastiques. La femme du cantonnier vivait près de la décharge avec sa marmaille, faisant pour les particuliers des lessives à coups de battoir, chargée aussi de l'entretien du lavoir public. On la hélait de jour : Mère Carpet, mère Carpet, à cheval sur ton balai. Mais la nuit, s'éveillait la sorcière qui punissait les garnements. Un souffle sur les cheveux, qui vole là ?

Et la Marie Quat'boutons, pauvre innocente, que les enfants provoquaient par bravade, tant inquiétaient son air simplet, sa démarche claudicante. S'immobilisant soudain dès qu'elle les voyait, le cabas serré à son ventre, pour choisir la direction où s'enfuir en boitant d'une jambe sur l'autre.

Si elle allait surgir… en face à face. Que lui dire ?

L'enfant avançait, aux aguets, du plus vite qu'elle le pouvait. La boulangerie était lointaine – tout ce chemin ! – elle allait fermer. Certes il y avait bien, proche du café, juste à l'embranchement de la rue, un boulanger, le père Huard, pâle, des yeux de hibou et ses longues moustaches tombantes. Mais il n'avait pas de réputation, comme boulanger. Était-ce la saleté de la boutique, des brins de ses longues moustaches tombés dans le pétrin ? N'importe, il ne fallait pas consommer. Le pain d'un boulanger mélancolique nourrit mal. C'était d'ailleurs fermé à cette heure, faute de clients probablement.

Juste après sa boutique, s'ouvrait le gouffre d'ombre, le plus terrible du parcours. Une ruelle, plutôt un minuscule boyau noir ; la déclivité de son sol servait à dégorger les eaux d'égout. Elle menait à une courette, large comme un mouchoir, donnant accès à la maison d'Anna.

Anna trimait pour les ménages, elle travaillait surtout au café. Indulgente aux amourettes, elle protégeait Marie au café, et surtout sa propre fille, recluse parmi les chats au bout de la ruelle. Toujours alanguie, secouée de quintes. La poitrine, disait Anna. Une étrange fille couchée, on ne voyait que le visage aigu aux yeux pers. Ironique sur son sofa aux coussins effondrés, elle sortait peu dans le village mais recueillait tous les potins, l'air pervers sur son lit de compagnie.

Elle avait triste réputation, sa paresse et surtout le reste. Les soldats allemands passaient souvent le boyau, des romans noirs se tramaient dans le réduit à l'odeur de camphre et de chat. Amours clandestines elles aussi, ou semi, assujetties au couvre-feu. À mots couverts, des regards éloquents que l'enfant cherchait à comprendre.

Dans la nuit de l'hiver, vaille que vaille, il fallait aller, chaque seconde, continuer.

*

Au matin l'afflux du jour dans le cœur de l'enfant, la vie recommence. Jours de bonté, car ils sont jours et chassent au loin les fantômes.

« Madame » est devenue « marraine », après avoir un jour coupé les longs cheveux de l'enfant, d'un coup de ciseaux, clac ; une impulsion sitôt mise à exécution pour faire cesser la litanie :

— Madame, ma coque est encore défaite, disait l'enfant en s'excusant. La longue mèche ôtée met à nu les dents ébréchées.

Marraine, la bonne fée. Un jour d'hiver, après Noël, le baptême fut décidé, au débotté, sans cérémonie ou presque. Ce n'était pas un temps de bombance, mais plutôt à la bonne franquette. On dut tirer quelque jambon de son sel. Le froid s'ajoutant à la guerre, les ressources étaient rares, sans écrevisses, ni escargots, à cette saison de l'année.

Hector, le protecteur, fut choisi comme partenaire à Marie afin de porter l'enfant sur les fonts baptismaux. Il aimait être distingué pour des fonctions, si minces fussent-elles, les exerçait avec gravité, la pupille noire durcie dans l'iris bleu sombre de l'œil. Sa générosité, et ses liens avec l'occupant, le désignaient. Il aimait l'enfant.

Était-ce dimanche ? Une fin de matinée blanche dans la lumière aveuglante d'un jour de neige. Et passé le porche de l'église, l'obscurité par contraste, éblouissait. Trente-six chandelles, on y voyait.

L'entrée dans l'église se faisait par le fond, à l'endroit où la nef romane s'aveugle, loin des élancements des piliers dans la clarté du maître autel. Tout à l'extrémité arrière étaient situés les fonts baptismaux. Maîtrisant encore mal l'orthographe, l'enfant comprenait le mot de travers – on était au fond de l'église – sans penser qu'il désignait la simple cuve de granit. Fontaine de renaissance sur laquelle Hector éleva gaillardement l'enfant bien lourde déjà.

Il fait sombre dans cette partie. Les murs sentent le salpêtre et la souris. De chaque côté, les tapisseries élimées, couleur vert-de-gris moisi, sont difficiles à déchiffrer. Que signifie ce bras levé prêt à s'abattre sur la gorge d'un enfant à genoux ? Une aile retient le couteau.

*

L'hiver, les hivers ont passé. On ne compte pas, dans l'éternité. Dans le placard dissimulé derrière le rideau de cretonne, juste à côté du téléphone, une vieille carte de France s'était découverte. Jaunie, déchirée et de petits drapeaux épinglés commençaient à s'y planter.

Crachotis sur les ondes, l'artisan se penchait sur la TSF, un peu tendu, son air froncé. Il ne fallait surtout pas parler.

— Rien vu, ni rien entendu ! Tais-toi, ne dis rien de cela.

L'enfant avait presque oublié depuis son arrivée les hurlements venus du fond de la nuit, leur approche jusqu'à l'explosion qui se déchirait sur les têtes. Mourrait-on cette fois du bang ou de la bombe, ramassé sur soi, le dos courbé, les yeux fermés ?

Un sinistre allemand mémorable avait eu lieu en juin 40. On en parlait encore à Aurion. Depuis, les attaques avaient été rares : une locomotive mitraillée, un train de marchandises et le mécanicien tué. On se souvenait, on pleurait l'enfant du pays, s'il en était.

Mais à la fin de ce printemps-là, tout fut changé. Le canton, le département, tout plongea dans la guerre. Même dans un enclos oublié, l'Histoire allait reprendre ses droits, s'emparer du territoire et le secouer en son tréfonds.

En mai, un garçon de treize ans fut tué près du château d'eau, l'autre cible privilégiée après la gare. L'évidence alors s'imposa. Il fallait quitter une proximité dangereuse. Pour ne pas fermer complètement le café, l'artisan choisit d'abord une maison pour passer les nuits. Bizarrerie, il la choisit simplement située de l'autre côté de la voie ferrée, légèrement décalée de la gare, face à l'hôtel – ferme où les vaches rentraient au soir.

Pour s'y rendre, on traversait la voie au passage à niveau. Une plaque émaillée était fixée sur le portillon pour piétons. On ne pouvait manquer de la voir, même si ses couleurs brunes et vertes s'étaient atténuées, et si la rouille avait largement mangé la locomotive en plein élan qui fonçait sur les imprudents.

Malgré l'usure, malgré la familiarité quotidienne, je me souviens du plaisir chaque fois renouvelé à la lire. Peu d'illustrations alors pour arrêter le regard des enfants, sauf en noir et blanc. À l'école, la dernière page seulement de la méthode Boscher offrait une débauche de couleurs pour déchiffrer le mot clé-ma-ti-te, comme une suprême récompense au terme d'efforts d'une année.

La plaque du train surgissant, et sa formule : Attention, un train peut en cacher un autre, me fascinaient. Peu de dangers étaient en ce temps signalés – ni agressions, ni voitures en circulation. Quant au danger omniprésent de la guerre, nul besoin de le rappeler. L'avertissement illustré avait l'évidence d'une morale combinant à la fois mystère et banalité. L'écho des mots se prolongeait longuement en moi, comme une invitation permanente à rêver, une vérité dissimulée sous la transparence, telle une maxime de La Fontaine et je m'en pénétrais sans comprendre.

Elle me retenait par sa simplicité. C'était un conseil de prudence pour la façon de se comporter, doté du pouvoir d'unifier le principe d'une vie pas encore dévoilée, vie qui devint par la suite un embrouillamini où je ne cessai de me perdre, sans buter à nouveau sur la formule de vérité qui pût donner un coup d'arrêt au miroitement interminable de tous les leurres où je me prenais.

La famille s'était contentée de traverser la voie ferrée. Dans la maison louée, au bout du jardin, l'artisan avait creusé une tranchée mettant à vif la glaise rouge où l'enfant aurait voulu rester blottie toute la journée avec ses poupées ; guettant les bruits pour s'y précipiter au premier vrombissement, sous les avions en piqué, tandis que l'artisan lui serrait le poignet, l'empêchant de courir dans la panique.

Tout s'accélère, il faut trouver mieux pour se mettre à couvert. Les habitants fuient le village, pérégrinations dans les soirs chauds de juin à pied ou à bicyclette. La population s'égrène en paquets au long des routes emplies d'odeurs.

La chaleur stagnante des soirs exalte l'odeur des cerises tombées à terre et qui fermentent. Quel gâchis ! Tout va à vau-l'eau. Un soir, des pourceaux en liberté, ivres de cette manne de cerises confites, se roulèrent sans fin dans les hautes prairies d'avant la fenaison, avec les fermiers éplorés à leurs trousses. Fruits et foins saccagés, pays de cocagne. Gabegies, vacances débridées, l'école a fermé de façon définitive bien avant le 14 juillet. Errances dans tous les parfums de l'été. C'eût été le paradis sans les visites trop rapprochées des Alliés. Plus de cesse.

Maintenant ça va vraiment barder. Il faut tout quitter.

Ils finirent par mitrailler un train de munitions qui sauta tout entier, entre les gares d'Aurion et d'un village voisin, d'où était issue la famille de Raoul, mon ami d'à côté. C'était le 6 juin 44. L'écho en fut considérable. Pourquoi tant d'acharnement ? Des bribes de conversation, rumeurs confirmées dans les jours qui suivirent, donnèrent la clé. Le miracle attendu était venu, la mer franchie contre toute évidence. Au petit matin après l'horrible tempête de la nuit, oui, le jour s'était levé sur une nouvelle Armada... Et sur la côte, sanglants combats, la mer devenue rouge, Alliés sacrifiés avant de pouvoir mettre pied.

Dans la panique de l'été ILS deviennent des chiens enragés. Pour survivre on doit disparaître. Hector, par son métier, connaissait bien tous les fermiers. Ses fournisseurs de pommes mirent à notre disposition une petite métairie perdue au milieu des champs, près d'un étang boueux. Elle s'appelait la Touche Piquée, et piquée, elle le serait en effet, au-delà de toute prévision.

Pas de chemin de terre pour y accéder. Seulement un sentier, au tracé indécis parmi les herbes. Comment retrouver ? Existe-t-elle même encore ? C'était au fond d'un verger, l'herbe était grasse dans le pré. Robinsonnades prolongées en frôlant les grandes tiges d'orties, balancées dans le vent de l'été. Le troupeau d'oies en liberté poursuivait méchamment les enfants, le jars en tête.

Ce jour-là, le fermier était venu faucher les buissons d'ortie, aidé de son fils aîné, un grand diable qui fauchait, tandis que le père bavardait. Perdus au fond des prés, nous avions oublié que notre refuge était proche du village médiéval de Sainte-Suzanne, la citadelle massive sur la hauteur, toute proche d'Aurion. Les Allemands y avaient installé leur défense.

Soudain la canonnade interrompit la conversation. Une escadrille en piqué rasa les têtes. Jetant sa faux, le fils sans hésiter plongea au cœur du buisson d'orties. La manœuvre reprit deux ou trois fois, et lui, comme mû par un ressort, disparaissait chaque fois dans le fourré, pour en resurgir sitôt l'explosion passée, le poing tendu vers le ciel, les bras mangés de démangeaisons.

Rire ou mourir de terreur ? La peur fut désamorcée, les adultes pleuraient de rire, comme les enfants devant Polichinelle ou Guignol.

*

Les Allemands cédèrent sans coup férir.

En un jour, ils s'étaient dissous, ce qu'il en restait. Quelle incrédulité à voir descendre du train la colonne titubante ! Prisonniers tout jeunes, soldats hier encore, le visage strié de suie. Au coin des lèvres, l'écume de l'épuisement.

Paris libéré, l'Armistice. Les fêtes s'enchaînent et se confondent. Orgies enfantines sur fond de champagne et de nuit – les bouchons sautent. Les pelouses de la gare sont le théâtre de festivités, de folies sans fin. On laisse les enfants s'égarer, invisibles dans la nuit, Raoul et moi.

— T'as vu les gros nichons de l'accordéoniste ?

L'instrument calé contre la poitrine se déplie comme un éventail. Fête aux lampions tendus entre les grands marronniers, et les tilleuls de l'autre côté.

Les couples valsent sur le parquet recouvrant l'herbe rase. Dans la tiédeur des soirs, la nuit s'avance à pas comptés. Les enfants maraudent des instants de sursis, surprennent les secrets interdits. La robe légère à coquelicots rouges palpite, je suis des yeux Marie qui danse, mélancolique, passant de bras en bras, permise aux copains du café. Mais elle, absente, se refusant, cherche des yeux, caché dans l'ombre, l'amour interdit qu'elle doit fuir.

Nuits éclairées de la lueur des ampoules rouges et couleur mentholée. Les couleurs en fête, une vraie palette, ont remplacé le noir et blanc. Le noir surtout du double éclair. Monde zébré de violence. C'est un autre alphabet, le livre du bonheur de la paix. L'éternité… elle est revenue. Avant c'était le cauchemar, des pages de brutalité, effacées. La vie, la vraie, va recommencer.

Le minuscule quartier de la gare est devenu un Far West, du moins un champ d'exercices, et les passions s'y combattent sous les yeux des enfants cachés derrière les grands marronniers. Tout est cul par-dessus tête, les Alliés ont remplacé l'armée allemande et les femmes du quartier ont basculé de l'autre côté. Bourgeoises ou va-nu-pieds, là n'est pas la différence.

Les soirs de beuverie, le grand Caton poursuit Mimi sur le pâtis pour lui administrer la trempée. Elle court, d'arbre en arbre, il titube à ses trousses en lançant des mots orduriers, des proverbes éclatants. « Je mange comme une vache et je chie comme un moineau. Pourquoi ? » Énigme pour enfants mal élevés. Mimi, croqueuse d'hommes et de magots, avait fini par échouer chez son ancienne gouvernante, dans une toute petite maison à l'angle de la rue arrière. Comment peut-il y glisser ce grand corps, son homme ?

Le beau visage encore lisse malgré l'âge était parfois marqué de bleus, de cernes noirs sous les yeux au matin. Elle s'en moquait, ou le feignait, de sa voix gouailleuse, liquidant les derniers restes d'une vie autrefois bourgeoise mais qui ne fut jamais que d'emprunt. Mariée jeune à un notaire un peu âgé, « sur un coup de tête » comme on dit, d'une manière parfaitement inexacte, elle l'avait laissé un beau jour. Caton était le dernier d'une série d'hommes qu'elle avait rincés. Avec lui maintenant dans la dèche, elle sirotait ses dernières tasses de porcelaine chinoise, échangées contre des « Amer Picon » à six heures sonnées, chaque soir au café.

Svelte toujours, malgré les déboires, s'avançant droite sur le trottoir, vêtue d'un simple peignoir d'indienne, qu'elle portait ceinturé. Les formes dans la maturité, pleines encore. Un rien hautaine, désinvolte. La démarche déliée. Ne craignant de révéler au grand jour, avec humour, ses vices et ses amours. Une vraie statue de la Liberté.

Pour en conférer je rejoignais Raoul, mon voisin, sur le gros banc de bois raviné, rugueux comme un rhinocéros. Nous chuchotions les mots orduriers, en pouffant. Plus âgé de quelques années, Raoul était mon initiateur. Toujours à l'écoute de moi, de tous, un vrai talent pour attraper les propos et singer les comportements. Ses paroles faisaient défiler toutes les gueuses du quartier : la femme du chef de gare, la bonne du maire et Mimi arrivaient portées par sa voix.

— Je vais te raconter comment ma mère l'a traitée, Mimi, pas plus tard qu'hier.

On peinait à la qualifier : une traînée, une putain, une garce… rien ne lui allait.

— Savez-vous comme vous vivez, ce que vous faites n'est pas bien du tout, avait dit la mère de Raoul avec son franc-parler, vous êtes une courtisane.

— Cour-ti-sa-ne, répétait Raoul en détachant chaque syllabe. Je ne trouvais pas le mot bien adapté, mais plutôt soporifique. Il n'était pourtant pas mal trouvé pour qui entre les deux guerres avait laissé un mari argenté et vieux, et vivait d'expédients ruineux.

— Ah ! Je vous en prie, si vous n'aimez pas ça, n'en dégoûtez pas les autres, lui rétorqua celle que je ne pus jamais appeler que Madame Ringer, lui marquant ainsi mon admiration enfantine. Elle me souriait, ravie, un rien ironique.

Seul Raoul m'y intéressait, à tous ces ragots sur les guenons du quartier. Toutes égales, du bas en haut de l'échelle face à la revendication nue du sexe, toutes rivales. Le registre seulement différait, la façon de l'interpréter.

Des vilenies pressenties, mais à peine. Je ne voulais pas voir, tandis que les autres gamins s'en donnaient à cœur joie, cherchant à percer les secrets par le trou des serrures.

— Machin a bisé le cul de Chose.

Ce dégoût en moi, d'où venait-il ? À cause des côtoiements équivoques, déjà, au café ? Surtout la peur, la peur d'ôter à Marie son aura de pureté. Vierge souffrante, elle l'était, et son regard tremblant et triste.

Délaissée tout bébé pendant la guerre, la Première. Une grand-mère l'avait élevée dans la piété et l'ignorance de la vie, la vraie, en ces campagnes blessées si profondément par une saignée d'hommes sans précédent. Des rêves à l'eau de rose conduisaient au mariage. Pour tout bagage un idéal où se mêlaient la mystique et la midinette.

Quelle autre image de la mère à l'époque, que la bonne infirmière dévouée aux soldats – les spahis du désert – aux orphelins ? Il n'y avait d'autre miroir que la sœur de Charité. Sinon c'était la putain, la marie-couche-toi-là, ou la garce. Le désir était forcément voilé, de bleu angélique.

Entre dévotion et romans sulfureux, quel invraisemblable étalage de sucreries! Pèlerinages à Sainte-Thérèse de Lisieux dans les grands jours. Pour les pâmoisons mieux eût valu celle d'Avila. Mais on l'ignorait, on l'ignore toujours là-bas, à Aurion.

Un être tout à fait improbable, Marie. Le regard étoilé de Renée Saint-Cyr – sa star préférée, elle lui ressemblait – et les rêves de Mireille Balin, la putain. Elle n'eut la chance d'accomplir aucun destin, toujours louvoyant à la petite semaine, autant que sa vie le lui permettait.

Improbable Marie. Et pourtant ça marchait. Je ne voulus surtout jamais lever le voile, par peur de la faire envoler.

Nous chuchotions sur le banc de bois, Raoul et moi, nous confiant l'un à l'autre, sans dire nos secrets, ceux que nous ne connaissions pas. Ces soirs de l'été 44, il m'attendait, je le rejoignais au plus vite pour nos conversations à l'écart.

À quoi tenait son affection pour moi? Pourquoi lui, solide héritier, à la tête de propriétés et d'étangs dans tout le département? Fils unique adoré, sans doute se sentait-il déjà étranger à ce village et à ses normes, comme sa vie le manifesta par la suite.

Les mots volaient dans l'odeur des tilleuls qui encadraient le banc de bois. Quelle déférence de lui à moi! Sa courtoisie. Il alla jusqu'à dérober, parmi les bibelots de famille, une petite marquise de Saxe en hommage, le meilleur qu'il put me trouver.

Nos pieds atteignaient tout juste le sol et nous poussions dans la poussière les derniers élytres dorés.

Unter den Linden.

Pour faire cortège à l'Armistice, pèlerinages et processions avaient repris. Notre Dame de Boulogne, vierge de la Délivrance, à la proue levée du vaisseau, cheminait à travers les villes, partie de Manche ou mer du Nord. Elle arriva le 17 juin 1945 à Aurion. L'année d'avant les combats avait interrompu les grands rituels de l'été, Fête-Dieu, Assomption, déambulations rythmées dans le village en majesté, apprêté dès l'aube, fardé, chamarré de toutes les fleurs de la saison.

Ce fut une rupture bienvenue. On put ainsi reprendre les festivités par-delà les années de guerre où les hommes vaillants à baudriers avaient promené les gerbes de blé, nouées sous le signe de la francisque.

Reposoirs dressés dans la clarté du beau matin de juin. Dès l'aube, après avoir partout disposé des pots emplis de pétales de roses ou de digitales, une population à genoux s'activait pour dessiner dans les rues la trame immense du tapis. Le village, dans un grand saccage, allait s'adonner à des libations effrénées. C'était en l'honneur de la Paix.

Mariage religieux après des noces plus barbares, spontanées sitôt l'Armistice sonné. Les campagnes alors avaient été décimées ; les élevages domestiques succombèrent en pagaille, la moindre basse-cour, les clapiers. Tout retentit partout de couinements, de caquètements déchaînés. Dans les fermes, on tua le cochon, devançant la date prescrite. Le sang rouge échappé cuisait, noir, épaissi dans des chaudrons, et des flottilles d'œufs à la neige attendaient dans les bassines en fer étamé de la laiterie.

En ce jour de fête, chaque villageois ne fut plus qu'un geste d'offrande. Piété et fleurs pour la paix revenue parmi nous. *Gloria in excelsis Deo*, *sursum corda*, etc.

De la hampe enfoncée dans le baudrier, les hommes soutenaient le dais de velours sur Notre Dame. Le prêtre en chasuble d'or, avec ses ornements de colombe, sanctifiait tout au passage. Ampleur et majesté dans le sacrifice des fleurs foulées. Nous remontions vers le quartier de la gare, Raoul et moi, la procession ne venait pas jusque-là, dans la chaleur déjà de l'été. L'estomac tiraillé, la transpiration collait aux doigts les bouquets. L'odeur fade, flétrie de la fête achevée nous écœurait à la nausée.

Mais la vraie divinité n'est pas là en ces processions, non plus dans l'Église. C'est Notre Dame du Refus, la Vierge noire aux anneaux d'or biseautés, une beauté mythologique faite d'éclat et d'effroi. Quel nom lui donner ? Ce fut d'abord à mon arrivée Madame, puis Marraine après mon baptême, Maman enfin. Madame, Maman, Marraine. C'est plutôt tout cela à la fois, d'une traite :

Madamemamanmareine. La Magicienne.

Au long des routes, les dimanches, on se promenait désormais sans plus de hâte, en sérénité. Il fallait aussi nourrir les lapins du clapier au fond de la cour encombrée. Bien distinguer entre les herbes et les poisons. Pou-é-sons, disait-on. La botanique m'ennuyait, et plus encore, la cueillette.

Mais déjà les talus se couvraient de fleurs aux calices sucrés, coucous et primevères. Hector scandait la marche de sa voix que n'avaient pas encore gâtée le vin, ni l'âge. Fixant Marie de son regard noir, il chante, en puisant dans son répertoire d'opéras et surtout d'opérettes :

O ma Rose Marie
Les fleurs de la prairie
S'inclinent devant toi
Comme une Reine.

Ma Rose, ma Reine. Ma voix monte vers elle sous le ciel d'été, et les orges aux épis tremblants, les chandelles des pissenlits qu'on souffle – autant en emporte le vent – sont mon offrande à la déesse au visage perdu dans le halo du rêve et de l'inquiétude, toujours. En elle ne s'éteignit jamais l'angoisse de l'enfant mal aimée qui lui eût fait tout dévorer.

Ce fut moi qui vins pour remplacer l'enfant, une petite fille morte aussitôt que née, dans la débâcle de 40, après une course vers le grand marronnier de la pelouse, quand l'aviation allemande bombarda Aurion et son camp de réfugiés, d'une façon mémorable.

— Je n'ai pas pu la regarder, disait-elle. Elle m'aurait ressemblé, à ce qu'on m'a confié, des yeux de myrtille…

Elle si étrangère à la réalité du troquet – qu'elle transforma en salon de jeux – si étrangère à la réalité du village.

Lui, l'artisan, l'était plus encore, étranger. Dédaigneux, à l'écart. Son nom d'ailleurs n'avait rien à voir avec toutes les généalogies, bâtardes ou animales, si communes du territoire. Son nom ? Je frémis à le rapporter, comme un prénom décapité ou bien la terreur incarnée : Médée.

Routes désertes, silencieuses. Sentiers perdus à travers les prés. Comment retourner ? Aurion n'existe plus. A-t-il jamais existé ? Sans Raoul, je pourrais en douter. Lui d'ailleurs y est resté enfermé, comme enchanté, dans le pays d'autrefois. Ayant parfait, jour après jour depuis l'enfance, sa science de mémorialiste. Généalogies au plus loin qu'il peut remonter. Les démêlés du marquis d'Argentré, branche cadette, usurpatrice avec mariage morganatique, lui sont plus familiers que le Matignon d'aujourd'hui.

Un vrai Saint-Simon de village, qui n'aurait jamais écrit. Tout dans l'oralité quand les mains croisées sur l'estomac, avec un sourire aujourd'hui un peu triste, sa voix ouvre le théâtre ancien des bonnes gens, les fenêtres depuis bien longtemps closes sur leurs visages.

Nous marchions enfants, côte à côte au long des sentiers de poussière, des halliers écartés d'aubépines ou d'églantiers.

— Qui aimes-tu ? Écris son nom.

— Toi d'abord, veux-tu.

D'une baguette de noisetier, nous inscrivions nos initiales, chacun pour l'autre, sur la terre de tous les chemins, au cœur de l'après-midi secret, endormi de l'été.

*

Les jours s'étirent au plus long de l'année, les soirs de la Paix s'éternisent dans la rue pleine de clarté encore. Au seuil des portes, les voisins ont sorti leur chaise et bavardent, d'un trottoir à l'autre.

Il faut pourtant monter se coucher.

La petite fenêtre de la chambre donne sur l'arrière du quartier, à l'opposé de la façade vitrée ouvrant sur la gare. Une rue à la courbe sinueuse délimite, à l'arrière, l'îlot de la gare pour rejoindre la rue de la Paix, rectiligne comme une avenue, où se succèdent les belles maisons, celle de Raoul, puis du maire, du notaire ou plutôt les frondaisons de son parc, et tout en bas, la pharmacie proche de la mairie.

Sur l'arrière vivait la famille du cantonnier, sans cesse espionnée par les grands-parents de Raoul. Du premier étage, ils ont vue sur leurs turpitudes. Dégoûtés de toutes ces cochonneries. La honte ! En somme une rue de la relégation au village.

De la fenêtre étroite de ma chambre, la vue plonge sur l'imbrication des toits de tôle ondulée, autant de cabanes, et des carrés de jardins potagers. Aucun horizon, la série des cours encombrées. L'odeur de la glycine emplit la chambre petite. Peu à peu, la rumeur indistincte des voix s'étouffe. Il faudrait prêter l'oreille, sauf quand la mégère du quartier se déchaîne sur le fils qui hurle dans le soir.

— Avant même d'avoir été frappé, dit-elle. Il suffit que je lève le bras ! Le sournois !

Chuchotements decrescendo dans la pénombre. L'enfant n'entend pas. Par-delà les toits de tôle, par-delà les cours sectionnées au carré, l'enfant ne regarde pas.

Et pourtant aujourd'hui, la vision est à portée de main. Je pourrais croire être penchée encore à la lucarne. Sous mes paupières, les images imposent leur consistance comme si l'on voyait mieux, les yeux clos.

Soirs mémorables.

Aucun appel, et au-dedans, l'attente incertaine – à peine.

Mélancolie à jamais. L'espoir et la défaite ensemble promis par la vie.

Mais dur comme un caillou, le non logé au cœur de l'enfant debout à la fenêtre aveugle. Calme, assurée, la volonté non dite, même au plus secret, d'échapper à tout et à tous. Aux maquignons, aux poivrots, aux bigots… un jour.

*

Un jour après l'armistice, ce devait être fin juillet, quelqu'un débarqua du train à la gare. C'était un lointain cousin de ma mère, au visage grêlé de vérole, et aux doigts brûlés de mégots. Il parlait mal le français.

Et je dus, confiée à sa garde, quitter le village.

Paris *again*. Après la guerre. J'arpente le boulevard Belleville dans Paris qui n'est pas désert. Jacques, le fils de mon cousin, me précédait de quelques années. Nos mères nous avaient promenés naguère au long des berges d'Argenteuil. Arrivant à Aurion, vêtue du manchon de peluche, je chantais *C'est la romance de Paris*.

L'écho de la voix perchée, aigrelette, filait dans la rue de la Paix rectiligne.

C'est la romance de Paris
Au coin des rues elle fleurit

chantait l'enfant aux yeux myosotis.

— Elle est crâne, disent les habitants surpris. Tombée ici comme un oiseau, un petit moineau. Seule, trottant dans les rues d'Aurion.

Le grelot de la voix fait sourire. Les yeux sont couleur de larmes. *Forget me not.* Un si long oubli…

La romance a mal tourné, mais livrée à l'oisiveté de Paris l'été, j'oublie devant les machines à sous du boulevard. Je me souviens du grand frisson, une fois le levier abaissé quand dans un cliquetis mécanique, les rouleaux défilaient sur plusieurs pistes colorées chacune par une succession de fruits différents. Si le mécanisme stoppait sur un alignement de citrons, d'oranges ou de pommes, lui succédait aussitôt le fracas des pièces qui s'écroulaient dans le réceptacle où nous puisions à pleines mains.

Ménilmontant cet été-là : rue des Lilas, la piscine des Tourelles, et Tarzan au ciné de la rue Oberkampf, les quolibets des copains de Jacques.

— C'est ta poule ?

— Non, c'est ma cousine.

Cousin, cousine, enfants battant le pavé. Des jours entiers à subsister à coups de cornets de glace. Au diable l'économie domestique, je désapprends les vertus inculquées.

Au demeurant, nous étions mieux dehors que dedans. L'appartement sent la merde et l'urine sur les paliers. La famille s'y entasse. D'énormes ballots de vêtements usés, mille fois portés, occupent presque tout l'espace. Jane et Tarzan, on s'y poursuit de tas en tas, et la poussière soulevée monte jusqu'au lustre, clinquant et cassé.

Les frères se battent en hurlant. Le père se tait et la mère, tigresse rousse, rugit en permanence sur les fils, sauf quand ses migraines menstruelles la terrassent. Elle gît prostrée pour de longs jours.

Dans des promenades, des visites, au passage des bribes de passé sautent au visage : odeur de colle dans les échoppes, la courbe d'un espace, un reflet dans un regard brun. Quelque chose voudrait parler, engourdi encore sous la langue.

Rosette, était-ce elle, l'autre enfant brune assise près du chandelier ? Petite reine de Saba, elle avait été préservée. Ses yeux de biche, ses pommettes haut perchées la faisaient ressembler à son père, toujours là pour la protéger.

En quarante-cinq ou quarante-sept,
Rosette de la rue des Rosiers.
Je me cherche à tâtons dans la rue des Rosiers
Et les mains sur mon front
Écartent les années.

M'ayant reprise, mes cousins ne me gardèrent pas.

Ça ne va pas, on est trop serrés. Les trois garçons grandissent, où mettre en plus une fille ? Heureusement les Américains y pourvoient. Avec les fonds venus d'Amérique s'ouvraient des orphelinats pour éduquer les enfants juifs. J'échouai ainsi à Versailles pour la rentrée, orpheline. Chaque semaine, j'écrivais Papa Maman reprenez-moi, dans les lettres expédiées à Aurion. Que sont devenues les missives ?

Longtemps je ne me suis souvenue que des dimanches. Mon petit cousin Jacques prenait le train à Saint-Lazare pour venir passer la journée. Le passé c'est surtout les dimanches. Curieusement, dans ces pages de vacuité où rien ne pose, le souvenir s'insinue par mégarde et se fixe entre parenthèses. Il veille à notre insu dans les heures dilatées d'ennui.

Nous nous retrouvions chaque semaine. Mais où ? Comment situer l'orphelinat ? En descendant l'avenue du Château, vaguement sur la droite ?

J'ai cherché quand il m'a fallu revisiter tout le passé, quand la série des retours s'est imposée : Argenteuil, Versailles, Aurion. Le nom de la rue sur la plaque a déclenché comme un battement. Rue des Chantiers. L'adresse ne s'était pas fixée dans ma mémoire. J'écrivais plus de lettres que je n'en reçus sans doute. Lamento de chaque semaine, je vous aime, je suis seule, je vous prie, je veux retourner.

J'ai reconnu la longue maison basse au crépi noir, la sonnette, la vétusté des fenêtres. J'ai même demandé à entrer, rien qu'un instant, à la jeune fille venue ouvrir, pour voir le grand jardin derrière, s'il existe toujours.

Il est plus vaste que dans le souvenir. Les oiseaux y picorent les crocus de la pelouse. Tout a disparu, les arbres, la balançoire. En moi aussi. Passé parti en fumée, brindilles éparses, desséchées.

Un couple de Russes blancs tenait la maison avec l'aide de deux filles, bonnes à tout faire, mi-maquerelles, initiatrices. Ida la directrice aime la musique et dans la salle à manger des enfants, on dîne aux accents de Mozart, frappés sur le piano noir. Marche turque rebattue autant que les repas chétifs, le bouillon clair. La porte-fenêtre aux beaux jours ouvre sur le jardin élimé.

Je me souviens du repas de Pâques, les herbes séchées dans la bouche, l'œuf, le pain azyme, et les psalmodies du rabbin. J'avais appris des rudiments d'hébreu.

J'aimais surtout le Petit Trianon, à l'écart, où une reine venait jouer à la fermière. En suivant les grands bassins et les allées en majesté, nous marchions jusqu'au hameau. Et là, assis sur un banc, seuls dans l'abandon de l'automne, ouvrions le sac en papier fort marqué de cernes graisseux. Les gâteaux farineux, cuits par ma cousine, s'émiettaient entre nos doigts.

Dimanches d'automne et d'un printemps. Solitude frissonnante sous les arceaux mouillés. Les gouttes de pluie frappent l'eau verte de la mare et les feuilles qui flottent comme papillons roux.

Au retour, les grands bassins, la façade majestueuse. Je m'avance dans les jardins trempés de lumière grise. Le passé est plus muet que les statues encapuchonnées pour l'hiver d'une toile couleur moisie. L'enfant qui marchait là s'est éloignée, plus irréelle et étrangère qu'une figure du Grand Siècle. Après Aurion, que signifia ce faste ? Ces galeries écrasantes, ces dieux de marbre ?

L'ennui de ce palais désert ?

Exil.

Exil

Après un an, à force de pleurs et d'écrits, je revins au village. De ma part, impossible renoncement, longue plainte. Papa maman reprenez-moi. Au désert les pierres se fendaient.

Un an… Qu'était-ce, que serait-ce au regard de ce long exil qui me tint quarante ans durant éloignée de ma vie, la vie dissimulée, souterraine ?

Plante vigoureuse, je m'étais enracinée dans une campagne à la douceur angevine qui avait permis de renaître. Le lien n'était pas d'appartenance à ce terroir, je le sus, le sentis plutôt dès mon arrivée. Si j'avais confondu, les signes sociaux, du plus marqué au plus minime, m'auraient aussitôt détrompée. J'étais d'ailleurs, sans ambiguïté, suscitant l'intérêt, la pitié, la défiance aussi. Une étrangère.

Sans lieu où me penser sinon l'absence, un corridor noir. La maison de bric et de broc à Argenteuil s'ouvrait à tout vent, à tout venant, lieu d'expulsion.

Le monde d'avant la transplantation était hors d'atteinte sauf en de rares fragments, des illuminations. Il disparut totalement derrière l'écran de la vie villageoise dont je devins comme la mascotte, lui insufflant l'air de Paris, la romance que je chantais sautillant dans la rue de la Paix. Délurée.

Je ne voulus plus qu'on me parlât de la famille, ces lointains cousins qui avaient survécu au massacre. Leur retour au lendemain de la guerre, mon enlèvement, Versailles et sa majesté désertée – où fut ma relégation – m'avaient rendue orpheline d'un passé dont j'ignorais tout ou presque..

À la mesure de ma précarité, je redoublais les preuves d'attachement au village qui m'avait adoptée sans le faire légalement, mais de cœur seulement. Jamais consanguine en nulle place, voulant l'être sans le souhaiter vraiment. Vint, peu après l'armistice, le temps des rumeurs sitôt tues en ma présence... retour à Paris, d'hommes qui n'en étaient plus... fragments de propos, des points de suspension plutôt, pour quoi on ne disposait pas de mots. Je n'entendis jamais ceux qu'on prononçait, dérobés à mon écoute dès que j'arrivais à portée. Mais la gêne des parleurs m'instruisait. Un secret monstrueux à cacher me concernait.

Et s'il descendait un jour du train, plus horrible que le cousin grêlé venu me reprendre? Un de ces vagabonds loqueteux, demi-fous qui surgissaient parfois de nulle part, déchirant la sécurité du village...

J'avais tout biffé.

Je construisis ma vie d'un trait : études, métier, famille, tout fut promptement mené. Moins de vingt ans après l'orphelinat c'était fait.

La vie commençait.

*

Appétit des commencements. Nous arrivions, jeune famille, dans une ville reconstruite, blanche avec son immense flaque verte au cœur, comme une mer intérieure, la *prairie*. Tapis d'herbe ou miroir d'eau selon les saisons, tant qu'elle fut inondable, on put même y patiner lors d'hivers sévères où les canards venus des marais se posaient.

La jeunesse affluait à l'université perchée en lisière. Une nouvelle génération allait faire sauter les verrous qui nous avaient longuement enfermés. Pour endiguer le flux, une machine s'était constituée au lycée. Elle classait de A A' à Q Q', à chacun selon son degré, selon son quotient. Q prime, à lire dans tous les sens, l'histoire allait nous l'apprendre l'année d'après. À chacun selon son désir.

Ce printemps-là, le vieux monde semblait prêt à crever, même si la docilité gardait les rênes. L'odeur d'herbe verte imprégnait l'air.

Dix ans avant, la Hongrie avait écorné l'utopie. L'avenir n'était plus radieux, il était. Gros de nos forces, de nos refus.

Que faire des déconvenues ? Nous avions trente ans, l'âge des commencements.

Il était urgent de construire. Au commencement était la maison. Le lieu fut choisi, acheté avec emportement malgré les conseils pour nous dissuader. Comment pourrions-nous assumer ? Une maison aux confins de la ville, immense et haute parmi les cimes. Sur l'arrière serpentait un ruisseau, les ruines d'une abbaye effondrée jalonnaient un ancien sentier vers Compostelle.

La maison aussi était quelque peu délabrée, une folie des années 1900 – la date exacte de sa construction comme nous l'apprit, après notre installation, une carte postale ancienne prêtée par un voisin. Villa de M. Pouettre.

Épicier enrichi par le négoce, pour embourgeoiser ses deux filles, il fit construire ce manoir à la mode cabourgeoise, son pigeonnier et son kiosque à musique. La cadette jouait de l'accordéon. Belle époque !

L'ampleur démesurée des surfaces, le parc et son bassin de stucs à sec que nous ne remîmes jamais en eau excédaient d'évidence nos moyens. Nous en fîmes pourtant l'acquisition, subjugués par la maison poétique et sombre qui nous dispensa sa magie tout le temps où nous y vécûmes.

Les étages se déployaient en surplomb sur des tourelles d'angle à partir du second. Le troisième fut relégué à l'office de grenier dépotoir. Lors de notre première visite, ayant grimpé jusqu'en haut, nous avions vu les chiffres noirs marquant chaque porte, numéros nus sans explication. Quel internat avait logé là ? On nous l'apprit plus tard, la kommandantur s'était attribué la propriété pendant la guerre.

Écartée du cœur des bombardements, elle était restée debout.

Nous venions d'y emménager ce printemps-là, déballant au hasard de rares meubles, quand la postière du bureau voisin arriva hors d'haleine. Une annonce urgente, un événement d'exception, elle en restait confondue devant les nouveaux venus. Appel du Canada, il fallait rappeler à l'instant, en PCV, précisa-t-elle.

Le téléphone était un bien rare à l'époque, nous l'attendions depuis trois ans inscrits sur liste. Pas encore abonnés, pas faciles à dénicher, de Montréal surtout.

C'est l'oncle d'Amérique !

Sous l'humour je voulais masquer l'inquiétude, redoutant les arrivées inopinées. Mais le personnage mythique des lectures enfantines, richissime faiseur de miracles surgi d'outre-Atlantique, au profit des vies rebutées, orphelines, m'était encore familier.

C'était lui en effet.

Un neveu chéri de mon père, fils d'une des sœurs à ses côtés sur la photo sépia de Pologne, la seule dont je dispose. Fut-elle prise à l'occasion d'un retour clandestin ? Mon père est au centre, héros de la jeunesse du village de Kozienice. Je ne distingue pas parmi eux, tous me sont étrangers sauf mon père et son regard clair.

Il est bien trop tard maintenant pour identifier les figures. J'ai failli à poser les vraies questions quand il le fallait, à Maier, comme à l'artisan ! Tant de regrets…

Maier dont j'ignorais l'existence, unique survivant d'une vaste famille du côté paternel, venait de trouver ma trace, de l'autre bord de l'Atlantique. Lors d'un mariage à New York, il avait posé aux invités français par habitude une question tant de fois inutile :

— Avez-vous connu Jacques et Fanny à Paris, la petite ?

— J'ai rencontré l'enfant à Belleville… mais oui après la guerre, en 1947 je m'en souviens bien.

Un mois de téléphonie-télépathie s'ensuivit. Parcourant la France en tous sens, de Cannes à Caen, Maier venait de toucher au but, dans le bureau postal campagnard d'un pays retardé où l'on ne pouvait, même à prix d'or, atteindre les gens que l'on cherchait, directement.

C'était au long de la grand-route, près de la grille forgée du parc, un début de printemps. J'avais à peine commencé à déballer les paquets.

— Voulez-vous venir visiter l'Expo à Montréal cet été ?

Posée avec un fort accent québécois, la question n'était pas un gag ; pas non plus le premier signe d'une présence surgie d'outre-tombe. Un parent téléphonait à la place de mon cousin terrassé d'émotion, qui avait dû entrer en clinique. Il ne sut d'ailleurs jamais prononcer un mot de français.

*

L'Amérique !

Enfant, j'avais eu ma découverte, quand le miracle eut lieu à Aurion, l'été 44.

Aujourd'hui comment échapper aux quotidiennes cargaisons délivrées à la radio, à la télé, explosions, tours effondrées, avions abattus, pollutions ? Comment retrouver ce qui fut l'enfance d'un monde ? Par la lucarne l'afflux du jour dans le cœur bondissant de l'enfant. Virginité des matins qui se lèvent, matins de matin, comment les dire ?

L'Amérique débarquait des trains, ils arrivaient, les soldats de la liberté.

Aux barrières blanches de la gare, un long sifflement, le train ralentissait et les wagons bloquaient à quai, toutes portes ouvertes sur une livraison de sourires éclatants, visages noirs fendus de dents blanches. Dents sans voracité, pas pour mieux te manger mon enfant, mais un éclat libérateur qui bousculait les vieilles peurs. Rassurants soldats, chemises échancrées, rien d'astiqué, de boutonné, et les jambes pendaient au dehors le long des trains de marchandises.

Sur les gamins venus en grappe, une aspersion de rondelles acidulées couleur arc-en-ciel. Elles volent plus vite que l'auréole de sainteté. Le geste des bons génies nous bénit à la volée, incitant à la gourmandise après un long jeûne. Tout le trésor des sucreries s'offrait d'un coup, pays de cocagne. Magiques Pinocchios rameutés à toute heure, nous agitions sur le quai nos petits doigts en V avec des carottes arrachées au potager du chef de gare.

Quelques formules magiques suffisaient, Camel, Camel, *it's a long way to Tipperary*, qu'on ne savait pas toujours bien prononcer, et les génies s'exécutaient. La merveille d'un monde enfant. Enfoncé Satan, les gargouilles, carême. On a tant pesté, tremblé, jeûné. La vie meilleure est maintenant, descendue là, en ce coin perdu de campagne. Un paradis au goût de fruits, les clichés de la publicité débarquent, des images et du chocolat à la fois, Y a bon Banania, l'espiègle Lily et les anglaises de Shirley Temple. En ai-je rêvé avec ma coque exécutée sans pitié d'un coup de ciseaux domestiques qui me laissa les cheveux courts, indociles, si mal fixés à la barrette.

Le livre des Merveilles ouvrait ses chapitres, une vie épicée, la somnolence du village cédait et le sifflement nous rassemblait dans l'instant aux barrières blanches de la gare.

Été torride des heures de guet recuites au soleil, de l'attente et du plaisir à l'aplomb. La chaleur faisait éclater les traverses ; montées du ballast les senteurs de goudron chaud écœuraient. Et le train disparu dans un dernier sifflement prolongé, nous restions cois, le visage collé d'escarbilles, les doigts crispés sur un trésor.

La fin d'été fut ainsi rythmée de nos manœuvres sur un terrain de quelques mètres et la mesure des jours en fut changée. Le bloc des vacances d'été s'était fragmenté en une infinité de plaisirs et d'instants, sur les portées de rails.

Et par-delà le passage à niveau, la cabane peu après fut construite par le clan des enfants de la gare. Un abri perdu au milieu des prés, nom de code « les lianes » pour la bande des initiés. Les cordes dérobées au campement des Amériques pendaient du haut de grands noisetiers. On se balançait à longueur de journée. Hors de tout regard, de tout horaire.

Il fallait y arriver, traversant prairies et vergers, en évitant la furie des fermiers. Leurs balles de sel nous sifflaient aux fesses. Nouveaux pionniers des bandes dessinées, nourris sur le tas de baies sauvages et de pommes vertes. En peu de temps s'improvisa une société d'Adams et Èves en minuscules, version Hollywood. Peu d'Èves d'ailleurs, j'étais la seule ou à peu près, et déjà la rivalité. Deux frères étaient parmi la bande, le plus âgé savait dessiner et m'offrit deux portraits au fusain, Jane et Tarzan. Mais son visage taillé à la serpe et ses yeux de charbon m'éloignaient. Je n'avais d'yeux que pour le cadet, lisse et rond, un benêt.

Sécurité sous les halliers, ni Dieu ni maître.

L'été d'après tout était consommé. Je repris le train pour Paris, puis Versailles, cette fois doublement orpheline. Au repas du Seder, mâchant les herbes amères, sous les yeux la flétrissure d'un jardin râpé. Dans les lettres de l'orphelinat j'écrivais Papa Maman reprenez moi je pleure je veux retourner.

*

Comme mon cousin inconnu m'y invitait, je partis pour Montréal en juillet. La main de sauvegarde pour le voyage, était celle de B... Nous n'avions fait jusque-là en matière de voyage que traverser la Manche dans un petit engin à sept places.

Le premier voyage en avion, l'Amérique, quand Joe Dassin chantait : L'Amérique, je veux la voir (ou l'avoir ?). Je n'ai jamais élucidé. Les limousines glissaient sur l'autoroute, les ponts enjambaient des bras de fleuve larges comme des océans. Bell Company, merveille de la technologie pour ce siècle à venir qui serait enfin euphorique, progrès, consommation, abondance. Xenakis au pavillon français, jets d'eau et musique. Et déjà le rendez-vous des obésités en shorts à fleurs. Les fast-foods émerveillaient ; sur l'autoroute allant à New York, les steaks débordaient des assiettes.

Hannah et Maier étaient arrivés au Nouveau Monde sortant de Dachau, lui quelques années après, dans les fifties. Resté à l'Est pour témoigner dans les procès, il nous racontait avec fierté comment, dès l'arrivée à Montréal, on prenait de son bras marqué à jamais sa carte de citoyenneté. Début de vie, fin du numéro.

J'écoutais la découverte de l'Amérique. La Pologne, plus jamais ! Non ! Dans le salon french provincial à Montréal, assise sur le satin damassé du canapé, porcelaines de Sèvres et cristaux sous vitrine. Au mur les portraits poudrés des enfants, *bar mitzvah* ou mariages. Dans la moiteur de juillet, mais l'air dedans était glacé, le frigo à cracher les glaçons étanchait la ginger ale. Kosher mother's au « sioupère marché ».

Monde coupé. Le travail, la réussite, le dollar en Amérique et les fêtes. Maier me contemplait de ses yeux de braise comme si j'avais été une bouteille à la mer, poussée par le souffle du père jusqu'aux rives du Saint-Laurent. L'un face à l'autre, empruntés dans notre parenté soudaine, disant à deux mieux que solitaires l'anéantissement de familles entières, la perte d'un monde, du réseau serré qui fait les communautés : regards, itinéraires, objets, rituels.

Il ne pouvait parler du camp. Seul son regard brûlant…

Dans la cuisine à Montréal j'écoutais le récit d'Hannah, survivante d'Auschwitz où elle fut amenée avec sa mère après le massacre du ghetto de Tarnow. Elle se souvenait, le travail épuisant dans les champs, le vent asséchant de l'été ; puis son transport près de Cracovie dans les mines. Les baraques du camp avaient été construites sur un cimetière juif.

J'écoutais sans pouvoir entendre, comme je voyais sans lire, la marque sur l'avant-bras couleur bleu de nuit, et les veines saillantes et durcies.

Le ton d'Hannah est monocorde, la voix s'est assourdie, lointaine. Elle énumère des faits : les wagons à bestiaux, les tris, la disparition des visages aimés, la salle où elles furent dénudées et rasées.

Dans sa nudité, la mère jamais vue devant la fille. Toilette funèbre sur les vivants.

Tondues, sans cheveux et sans noms. Qui est-elle ? Reste-t-il quelque chose de moi ? Qui est cela ?

Mères, sœurs ou amies, si l'on s'était perdu du regard, au sortir de la salle on ne se retrouvait plus, sinon à la voix.

Dans la cuisine la voix n'est plus qu'un chuchotement. Les yeux au sol, Hannah a perdu son regard. Même à Auschwitz, la force du tabou, de la foi, lui interdit de manger du cheval crevé dans les rares distributions qu'il y en eut. Elle éprouvait comme une atteinte à son ordre kascher le seul fait de respirer l'odeur.

Comment parler ? Comment, sans susciter des ombres monstrueuses ? Ombres à elles seules souillures, abjection, même pour la victime qui a vu, vécu.

Habile de ses mains, sachant travailler la toile et le cuir, Hannah rendait les services indispensables à sa survie au camp. Elle apprit à circuler entre les baraques avec audace et discrétion à la fois, sans une hésitation. Seulement se cacher, manger, travailler ou dormir. Beaucoup dormir. Pendant le jour, se cacher pour dormir, pour compenser les éveils de la nuit à coups de matraque et sous la menace des chiens.

La violence de sa haine l'a protégée de la peur. À évoquer la schlague, son visage se contracte autour du rictus méprisant de la bouche. Les paupières recouvrent ses yeux. Elle est comme une maison fermée. Tout son être crache l'ennemi, l'expulse. Jamais il n'y eut en elle un instant de consentement. Femme trempée de refus, celle qui dit non, non à sa propre négation.

Elle se souvenait d'une date, le 22 août. Depuis le ghetto de Tarnow, elle avait réussi à ne pas être séparée de sa mère. Elles avaient survécu ensemble, deux étés torrides, les sélections. Le 22 les SS, à l'issue de la nuit, firent monter dans les camions un lot de femmes épuisées et d'enfants, de vieilles, à destination de là-bas, vers le bois de bouleaux.

Qui pourrait au monde chanter
le chant de l'âme maternelle errante
à jamais
dans le bois de bouleaux
Birkenau

Pour ne pas s'abandonner aux larmes et à la mort, Hannah chercha un coin où se dissimuler et dormir sans risque de représailles. Comme une pierre elle tomba dans le sommeil. Au réveil elle avait basculé, l'existence ne lui fut plus que tension pour enchaîner l'instant à l'instant. Toute repliée en elle, elle se soustrayait aux contrôles, ne croisait plus le regard de quiconque, se laissait interpeller sans entendre, si bien qu'en peu de temps elle devint véritablement transparente. Les regards des responsables la traversaient sans la voir, comme une vitre. Transparente et dure.

Un matin l'air fut coupant au réveil, les premières pluies tombèrent et tout se transforma en un marécage immense et désolé. Au cours de l'hiver, tandis que l'usine de Buna commençait à tomber en morceaux, Hannah quitta le camp d'Auschwitz et, après une marche inouïe, parvint au début de l'année suivante à Dachau.

Pour suivre l'itinéraire, je vais chercher l'atlas aperçu parmi les quelques livres. Nous nous penchons, Hannah ne l'a jamais ouvert à la page de la Pologne. Elle s'étonne de retrouver les traces de son passé sur la carte. L'observation l'entraîne, elle s'y perd. Elle aurait aimé aller plus longtemps à l'école. Quand elle relève la tête, la nuit vient brutalement sur Montréal.

C'est vendredi.

En toute hâte, Hannah allume le chandelier et, se couvrant la tête, s'absorbe dans une prière intense et brève. La nuque inclinée, elle rejoint le pays maternel, lointaine dans la cuisine près de la machine à cracher des glaçons, en ce lieu où plus rien n'existe de la jeunesse ni du monde aboli.

Elle tremble dans la flamme du chandelier, la terre qui n'est qu'exil.

L'éternité

La recherche du lieu… une maison qui tînt lieu de tout, pour recréer l'enfance soustraite, inventer la vie selon son choix à soi en ce monde.

À Argenteuil, partout le danger s'insinuait, ce n'était que portes ouvertes sur le dehors, sur un visiteur redouté : d'un côté la porte du cordonnier, parleur intarissable et joyeux, et, par-delà la porte du corridor dédié au malheur, celle du teinturier à l'affût derrière ses bésicles. À Aurion non plus l'intime n'existait pas, même dans la cuisine vouée aux clients privilégiés, amoureux ou amants. Il n'y avait que la chambre petite à la lucarne. Lieu de repli. Des abris improvisés sous le caveau de draps, la terreur s'y niche. Sexualité cauchemar.

Pour une vie toute à inventer, la maison où nous nous étions installés, dans son extravagance et ses excès, était le château des contes, ou plus exactement le rêve d'un épicier grossiste de la Belle Époque désireux d'accéder. Dès la première vision qui aurait dû décourager les deux jeunes gens peu argentés que nous étions, ce fut l'inverse. On s'y voyait déjà à même de déployer une vie familiale dans toute son ampleur. Quel bonheur en ces années de jouir d'un espace à la mesure des rêves ! L'imagination de chacun de nous y pressentait d'autres vies en attente, sans trop savoir quels visages elles prendraient. On allait avec confiance vers l'avenir. Tout était possible alors à la jeunesse et au courage.

Les vies à inventer, mystérieusement avaient trouvé à se gîter dans cette folie à la mode de Cabourg. La nature alentour lui était directement raccordée, partout présente, le ruisseau et les vastes prés sur l'arrière, les vaches à traire dans les longs bâtiments anciens de la ferme. Et le gué seulement à traverser pour suivre le sentier du pèlerinage ancien vers Compostelle.

Il fallut pourtant la quitter après quinze ans et s'expulser du paradis que nous avions conquis. Des changements politiques nous arrachèrent à la maison tant aimée. Son visiteur privilégié, attendu chaque année, ne cessa de la regretter. À chaque passage d'hélicoptère qui nous la fit survoler par la suite, il s'exclamait : Mais pourquoi donc avez-vous vendu la maison ?

Président… il l'était à la fin devenu. Ne l'avait-il pas toujours été, Président ? D'un parti ou d'un groupuscule, d'associations qu'il sut mener à des destinées éclatantes.

Le terme chez lui cessait de désigner une fonction, un titre. C'était comme un attribut de nature, l'expression de la distance que son autorité, son mystère, sa timidité aussi, mettaient entre lui et les autres.

Président, il l'était par la crainte qu'il inspirait, lui l'homme aux mille replis. Une souveraineté.

J'aimais celle que j'ai connue au plus près, dans un temps de désarroi, lors de sa traversée du désert comme on l'a communément appelée. Un temps d'épreuve renvoyant à la solitude celui qui aspire à devenir – chose impossible – prophète en son propre pays. Au désert.

En ces années de reconquête après l'échec, il n'eut pour appui que ses calculs, son énergie et cet extraordinaire amour de la vie. Sa vraie souveraineté, à mes yeux. Ayant su s'approcher de tout et de tous en France : le pays en ses moindres cantons, les hommes, les femmes. De multiples rencontres à travers tout le territoire dont il savait, d'un simple regard, élire qui lui plaisait. Plus tard, des années après, il en tirerait profit ou le plaisir d'une reconnaissance.

Au milieu d'une foule, si son regard vous touchait, il savait vous faire exister dans l'instant, créer un lien d'intimité. On se sentait choisi. De la diversité des hommes, force, drôlerie, folie, impudence, tout le retenait. Il éprouvait d'instinct la qualité, même si elle était insensée.

C'était en des années reculées, bien avant le Palais. Il disposait de tout son temps alors pour sillonner les régions, de réunions en fêtes politiques et provinciales qu'il appréciait malgré leur faible fréquentation.

Peu à peu sa stature s'était refaite et il portait bien des espoirs à nouveau.

Il aimait venir en pays d'Auge et en Bessin pour la saison et les châteaux qui sont en nombre. Et, hors toute circonstance publique, il prit le pli d'y revenir, sans autre prétexte que d'amitié, au moins une fois tous les étés, sitôt passé le 14 juillet, dans la grande maison qu'il aimait.

Sollicités pour sa visite, les châtelains ouvraient leur porte, flattés, curieux d'approcher ce personnage à la réputation ambiguë. Manoirs et haras commençaient à trembler sur leurs bases.

Il leur arrivait de questionner sans ambages :
— Monsieur Mitterrand, est-il vrai que vous voulez nous manger ? disait la dame.

Elle avait préparé le champagne, appuyant de toute sa dentition avancée sur le e du nom, sans l'avaler, le passer à la trappe comme bien des inconscients le faisaient, ce béotien de Georges. Marchais.
Un clignement de paupières, la déchirure d'un sourire suffirent pour renvoyer la question posée à son inanité.

Des après-midi d'été qui ont tant marqué… et pas seulement dans les gazettes. Nous roulions au long des talus disparus sous la hauteur des herbes, vers les manoirs : Coupesarte, Victot Pontfol, Lantheuil, Fontaine Henry… . Les longs murs de pierre blancs se déroulaient interminablement, cachant leurs secrets. Et partout la beauté s'éveillait sans se donner jamais.

À Coupesarte qu'il aimait entre tous, c'était presque la nuit tombée quand nous parvînmes au manoir cerné de douves. Demeure rustique d'un seigneur d'autrefois, elle était restée fidèle à son origine. Le passé s'ouvrait à Coupesarte dans une joyeuse activité de basse-cour, de coqs, de pintades, de canards flottant sur la ceinture d'eau. Mais, à cette heure tardive, canards, dindons étaient rentrés. Tout dormait et le manoir silencieux s'élevait sur la brume d'eau verte.

Chaque été rappelle en ces lieux le bonheur de voir qui était le sien, comme si son regard avait recouvert les vallonnements et les buissons d'une lumière particulière.

Il était tout à ce présent, sans retenue, sans entraves, balayant comme billevesées une rencontre, l'heure d'un rendez-vous politique, un dîner que j'avais cru bon de lui rappeler.

Encore une fois, il venait de s'approcher, presque jusqu'à l'emporter, du plus haut degré mais il en avait été écarté. L'été suivant, à sa demande, je le conduisis chez des amis, dans un département voisin. Nous étions attendus pour déjeuner dans le verger. L'hôte était l'un de ses plus sûrs appuis, de la même génération. Il s'était totalement engagé à ses côtés dans cette ultime bataille. Pas encore remis de la défaite, d'un ton accablé, il me chapitrait :

— Vous ne pouvez comprendre, vous êtes trop jeune. C'était notre dernière chance. Il est trop tard maintenant, à jamais.

Et le Président, car il l'était toujours, mais je ne sais plus trop bien de quoi, dévorait cependant le repas, tout entier livré au charme de la belle journée de juillet.

Selon le proverbe, il y eut, malgré des flottements, une troisième fois. L'automne précédant l'élection, il avait longuement hésité. À la fin le destin s'accomplit.

Le Président m'appela au Palais pour travailler aux projets qui lui étaient le plus chers, les grands travaux du septennat. Quel transfert !

Au début, je m'y sentis vraiment décalée, les connivences parisiennes, l'atmosphère étouffée, les moquettes, les portes closes… après les plages immenses de la Manche, les grands vents qui bousculent tout au hasard.

La vie provinciale est livrée aux courants d'air. Le Président d'ailleurs les craignait, s'en protégeait toujours, même hors de saison. Pour affirmer leur familiarité à lui, les plus hardis lui renouaient son écharpe, plus serrée.

— Attention, Président, couvrez-vous.

Il ne détestait pas cette privauté de certains, ceux qui osaient avec bonhomie, transgressant la vénération du *corps du roi*, dans ses périples à travers le pays où il fut livré, comme personne ne l'avait été, au bon vouloir des militants.

En province on va, on vient, on entre chez les uns, les autres à toute heure.

Ici silence, immobilité hors allées et venues pleines de componction, huissiers, PDG, académiciens croisés au hasard dans les escaliers presque dérobés, au 2, rue de l'Élysée.

Tensions et rivalités. Entreprises à succès et fiascos. Comment deviner derrière les portes ? À qui vient d'ailleurs, Paris oppose partout l'interdit d'accéder, une distance démesurée pour aller de la rue au cœur des choses : codes, portiers, visiophones. Entrée refusée, tout se dérobe.

Le code était au Palais à son plus haut degré. Présence soustraite, paroles chuchotées. L'éloignement des puissants, du plus puissant d'entre eux, était de règle.

J'avais eu, de longues années, une vraie proximité à l'homme. Il m'appelait, le matin. Des cartes me parvenaient de ses déplacements, des lieux que nous avions évoqués ensemble. Il aimait surtout m'envoyer des livres, à leur sortie, *Les Cahiers de la Petite Dame*, en édition originale, *Cent Ans de solitude*, ses découvertes.

Au palais ne régnait que la distance, si l'on n'avait pas accès aux coulisses. Seule sa présence à lui, le Président, donnait sens à la mienne en ces lieux, surtout dans les circonstances privées, hors service.

Soirées trop rares, réconfortantes. L'amitié en un lieu où elle a peu accès.

La suite des jours offrait aussi de vraies rencontres parmi les visiteurs compassés qui gravissaient les escaliers, rue de l'Élysée : chevaliers d'industrie, rêvant de l'être, janissaires de portes secrètes, émirs de légende ou d'opérette, tous difficiles à percer. Mais leurs récits parfois vous emportaient.

Des entretiens commencés de façon pragmatique, déterminée, bifurquaient soudain, ouvrant des horizons inouïs, confidences de bouts de vie, aventures vécues, projets fantastiques. Sur le fil des rendez-vous d'agendas, de-ci, de-là des personnages. C'était cela aussi, le Palais. En direct d'Ispahan, des émissaires, heureux d'accéder, ne serait-ce qu'à l'annexe du Paradis, au 2, rue de l'Élysée. Empressés avec leur mallette, sur le tapis des Mille et Une Nuits.

Les invitations pleuvaient, le Tout-Paris. Ce soir-là j'avais accepté, place François-Ier. L'écrivain fêtait à la fois ses soixante ans et la sortie d'un livre.

J'étais arrivée tôt. Une suite de pièces en enfilade se déroulait en arc autour de la place, sans qu'on puisse l'explorer jusqu'au bout du regard. Après les premiers invités, égrenés un à un, des familiers ou de ceux qui devaient quitter tôt, ce fut un afflux ininterrompu, ponctué de coups de sonnette. Va-et-vient de l'hôte empressé, noms déclinés à voix assez haute, sourires. En peu de temps, la réception la plus vaste s'emplit comme le quai du métro. Des Japonais qui font la courbette, le Paris de l'actualité, de la mode. Les regards cernés de bistre semblaient sortis tout droit des lambris anciens.

Le dîner fut servi à table dans chacune des pièces. Les invités s'étaient regroupés par affinités. L'hôte circulait, ne cessa de le faire, tout au long de la soirée, pour honorer chacun avec aisance, vêtu de cachemire bleu nuit et de soie, parmi les tables.

Les poissons géants glissaient sur les épaules des valets loués pour la circonstance. Sur des lits de poivrons colorés, jaunes, rouges, verts, capitaines, espadons, empereurs nageaient dans leur jus au safran. Les têtes rôties présentées à part, découvraient leurs énormes mâchoires, des dentitions acérées.

Ce n'était pas très adapté, mais l'hôte voulait honorer le Tout-Paris d'un plaisir vraiment exotique. Son œil inquiet suivait les déambulations des poissons volants, avec parfois l'éclair d'un despote.

Après le ballet des poissons, service et dégustation, on se rassembla en rangs serrés dans la réception pour faire cercle à l'arrivée de la pièce maîtresse, la pyramide des gâteaux, assortie d'un feu d'artifice de table. Les invités servis se dispersaient, et les chariots à sorbets arrivèrent dans les pièces. Je circulais à l'aventure de salle en salle, tout en saluant quelques connaissances au passage, quand je le vis, découpé dans l'embrasure d'une porte ; ses mèches bouclées et le geste délié des longs doigts qui effleuraient la cigarette.

C'était lui. Je le vis pour la première fois, Léonard. Tout ce qui l'entourait recula, les lambris couverts de portraits ; les gens se fondirent en une masse floue, comme l'arrière-plan indifférent de la vision. Il était là, gravé avec une netteté incomparable, et le dessin dans sa précision s'anima.

C'était lui, il était venu.

*

L'enfant sort de l'école à midi. Prête à bondir dès la porte franchie, pour courir vers lui, lui qui l'attend toujours, midi et soir à l'avance, souriant à son enfant.

Le parvis – un clin d'œil y suffit – est vide. Immense. Décélération inouïe, la course prête à se lancer, se casse. Les bras sont cloués au corps, paralysés au lieu de se tendre.

Sombre, une femme s'avance. À voix basse :

Tes parents sont partis en voyage.

L'instant de l'extermination.

Explosion blanche sur le parvis. Tout s'élimine, les gens et leur ombre même. Seule cette esplanade aveuglée.

Au plus secret du cœur, la certitude inouïe ne fut pas articulée.

Ils ne reviendront jamais.

Jamais, sait l'enfant sans avoir à le penser.

Qui a vu alors son visage ?

Je me souviens de n'avoir pas pleuré.

Je ne me souviens plus de rien.

Le désespoir fut ravalé dans l'instant. Le visage baissé se lève, son immense regard d'eau claire… sans bras pour étreindre, sans mains pour tuer, l'enfant tend au monde son visage de blessure.

Elle sut dans l'instant qu'elle devait se tenir lieu de tout et, sans mots ni larmes, donna la main à la femme venue la chercher pour la remettre à l'artisan. Rien ne subsiste de cet interstice, entre la sortie de l'école et la gare Montparnasse. Aucun souvenir. Le temps dérobé de la métamorphose.

*

C'était lui.

Il s'avançait, rieur, déterminé. Les invités, les lambris couverts de portraits, tout se fondit en un arrière-plan flou. Lui seul avec netteté, l'homme de la soirée s'avançait sur la page blanche, en pleine clarté. Elle le vit, déjà inscrit dans son regard. Il venait, toujours jeune et toujours souriant comme si elle l'avait éveillé de son cadre. Tout pouvait recommencer, les effusions les baisers, les élans. Les bras emmaillotés se délient. Bonheur de prendre, des mains pour toucher.

Mais oui, tu peux t'avancer, courir. Cesse de dévorer seulement du regard, avec des yeux silencieux, gloutons, comme si le monde t'était refusé.

Adorables mystifications. Tendresse ou perversité dans le temps. Ils attendent, bien cachés, ceux qui nous ont quittés abruptement. La vie balbutie, trébuche, s'échine à dessiner l'inaccompli. Crayonnages, brouillons illisibles, pattes de mouche.

Mon père, mon amant… les faire revenir, revenir rien qu'un instant ! Ne puis-je les retrouver, tels qu'ils furent, tels qu'ils seraient.

Il faut qu'ils soient mes morts bien captifs pour ne me donner aucun signe ! Et moi, comment ferai-je pour être entendue d'eux ? Comment mon père pour qui je fus unique et qui m'aima si violemment, comment ne vient-il pas à moi ?

Si violemment…

Ô mort ! Rends-le-moi, l'espace d'une nuit, rien qu'un instant.

Sorcellerie.

L'amour sur l'horizon de la disparition.

Léonard, venu du fond de l'horizon, porté par la vague, comme glissant à la surface du temps, si exactement ajusté à l'attente, dans la coulée huilée, impétueuse aussi de l'élan.

Léonard, visible, présent. La silhouette, le visage appartiennent exactement à la page, l'enluminent. Et l'enfant volant vers lui, croyant le faire, pour franchir les abîmes. Dans le torrent du temps, à sec si longuement, soudain devenu cataracte, les digues de tous les barrages d'Assouan ont cédé.

Les eaux s'écroulent sur la tête.

Certitude, cécité. Elle le vit.

Je le vis, Léonard déjà inscrit, dans sa grâce carnivore. Apparu, pourtant déjà là.

Au présent du temps, Léonard surgi neuf et familier pourtant. Audacieux, rieur, il l'avait reprise, le père, dans ses bras puissants ; la vie continuait après un lapsus, juste un effacement, aucun adieu. Le père s'était soustrait. Point c'est tout, l'abandonnant à la main étrangère. Pas de veille funèbre, mais le silence, la cessation. Rien ne fut chuchoté au-dedans, chose tue aussitôt, sans écho, pierre qui tombe. Aucune image emportée par l'enfant ; pour bagage elle n'avait que le manteau de peluche et le manchon.

La dernière fois, comment anticiper après coup pour faire vivre l'ultime rencontre ?

La dernière fois… les mains serrées de ceux qui se quittent, le regard par-delà les vitres de l'aéroport et dans l'enfilade du quai, le visage à la fenêtre du wagon qui se penche, le train file. Le lien si fort de la chair se rompt, la présence, ta présence… une fraction d'instant, elle n'est plus.

Les mots seuls ne signifient pas : éternel adieu, à jamais. Mais la rupture entre les mains, les regards, les corps, la faim dans l'éternelle absence. On voudrait se déchirer de larmes, se couvrir de cendres. Tourment. Hélas, bientôt ne reste plus que ce soupir qui s'incline face à l'absence. Hélas, en attendant l'oubli.

Sur l'horizon de la mémoire, Léonard. Son approche subite, implacable comme le serait la disparition. Avant la partie à jouer, la distribution était faite et, sans que je veuille le savoir encore, l'atout maître c'était la perte.

Tout nous séparait, l'âge, la fortune, des vies engagées. Lui héritier dans la plénitude du terme, d'une famille de banquiers dont la fortune datait de la guerre ou juste après. Futur successeur du père à Buenos Aires, il était venu à Paris parfaire son expérience dans une agence des Champs-Élysées. Au pays tous l'attendaient après l'été, surtout sa fiancée.

Pour moi bien plus aval dans le temps, une vie pleine d'êtres et d'affections. Mes raisons de vivre, l'impossibilité de lâcher la main de sauvegarde qui m'avait menée jusque-là.

Impossible à décider, un choix pour me déchirer. Est-ce le tragique d'être, ainsi que je le fus, écartelée entre les ères géologiques de ma propre durée ?

Ce qui s'était perdu dans les méandres de la métamorphose, le bonheur enfantin, l'adolescence non vécue, ne serait donc pas aboli ? Le perdu revendique une forme d'existence consciente, ou du moins simulée. Il faut repasser sur les traces.

La mémoire use de tours de passe-passe, un vrai Protée. Elle glisse entre nos vies, se rit de nous, toujours ailleurs que là où on croit la trouver. Déclenchée par des riens du tout, un geste des doigts, la sonorité d'une voix, et voilà, le tapis volant se déroule pour emporter.

Chemins tortueux, torturants, exploration sans cartes ni boussole à l'appui, ni sextant. Déambulation d'ivrogne où les démons du hasard nous mènent. Impossible d'y échapper sous peine d'être réifié, chose morte abandonnée sur le chemin de vie.

Rêves, rencontres, hasards fugitifs, tout joue. La mémoire est faite de reprises, retours et raccommodages. Une toile de Pénélope. Périlleuse navigation, je m'y suis presque totalement engloutie trois décennies. Le temps d'une vie à peine y suffit.

Qu'importe le calendrier, comment marquerait-il la mesure ? Le corps compte et rythme autrement, des émotions surgies au vif après un sommeil de cent ans… les bras se déplient.

Rapt rêvé, quarante ans après.
Parole ôtée sur le parvis explosé.
Parents partis en voyage. Désertion, évidence contraire à toute vérité.
Et le cri muet imprimé sur la face qui ne peut crier.
Visage-blessure tendu vers l'autre, mendicité.

Bouche à bouche mystérieux à travers l'épaisseur du temps, comme au sortir d'un sommeil de cent ans.

Le geste ajourné à perpétuité reprend, de l'enfant épinglée en plein vol, là-bas à la sortie de l'école. Vieille enfant tombée en poudre, s'émiettant entre les herbiers.

Non!

Béance comblée...

Elle voit, le monde renaît. Oui, je me reconnais, cette enfant émerveillée, jalouse, déchirée, souffrante. Le corps vaillant nageur traverse le temps. Bonheur des sensations, venues d'un temps profond, énigme tangible.

Mystérieusement le temps s'ouvrait, loin, très loin du 2, rue de l'Élysée – un sommet pour qui me voyait, inconnue, d'un coup arrivée au terme. Quel destin pour l'enfant juive condamnée! La chance s'en était mêlée, un charme étranger, *un oiseau du paradis*, me dirait un jour, plus tard, le Président, clignant des paupières avec l'esquisse d'un vague geste des épaules – ce qui lui arrivait rarement, comme si la massivité maîtrisée de son corps, déjà sculpté, ne devait être en rien perturbée – ce geste qu'il fit alors, comme l'amorce d'un battement d'ailes. Ses yeux se moquaient de la femme oiseau en perpétuelle suspension sur la branche, il voulait lui signifier une forme d'idéalité. Et dans la bouche du Président, à ce moment où il le dit, quand il faisait tous ses efforts, lui, pour rester là où il était, sans qu'on sache ce qu'il lui en coûtait, sans que je le sache vraiment encore – *un oiseau de paradis* – après avoir quitté le grand bureau bleu, je compris en y repensant qu'on était loin du compliment.

Les anneaux du temps se marient. Instants cachés au secret – rien n'a dépéri – retrouvés comment? Pourquoi l'effraction? Un jeune homme venu d'ailleurs, tel un Dionysos, attrapant au passage la femme laissée sur la rive, dans l'abandon. Sur le balcon à ciel ouvert dans l'alerte des nuits de la guerre, la mort menace, le père emporte l'endormie vers l'abri. Les yeux clignent sur la page noire enluminée du tracé des fusées. Vacarme des explosions, vrombissements. Enchantement au lieu de peur, il est là, le protecteur. Magie et mort, le jeu d'Éros pour l'enfant blottie tout contre lui.

Rapt rêvé, pour l'exhausser par-dessus les années. Nuit barbare de la guerre, dans le bruit des sirènes le père emporte l'enfant indocile au front sanglant. Blessure d'amour dans l'angle en marbre du chevet, près du lit parental qu'elle refuse chaque soir de quitter. Serrée contre sa poitrine, tandis qu'il court à pas de géant, console, enchante, à la lueur des réverbères voilés. Sur les murs, leurs ombres déformées divaguent. Déjouant guets-apens, explosions, Gestapo, il l'emporte.

Léonard, que savait-il de cela? Je ne lui avais rien confié ou presque. Qu'aurais-je pu donner en confidence? Quelques mots disant la stupeur à midi devant l'école, le père absent, le parvis blanc, la nuit qui s'ensuit. C'était pourtant le point exact du rendez-vous fixé par la vie.

Un soir d'avril, il s'était mis en route à pied, traversant la Seine, des beaux quartiers vers la banlieue qui n'était plus, ne fut jamais, un lieu de plaisir aux guinguettes et vin clairet, mais une ville sinistre et grise sous son étoile de malédiction.

Un ciel noir de plus en plus bas, l'orage se déclencha ; sans s'arrêter, Léonard poursuivit sous la pluie lourde qui transperçait. Ce soir-là, il voulut tout retrouver et tout voir : la gare de triage, les trains, l'échoppe du cordonnier de l'autre côté de la voie ferrée.

Quand j'eus la force de retourner à Argenteuil, quatre ans après, m'orientant à tâtons dans une ville qui avait tout entière sombré dans la mémoire, sauf l'itinéraire domestique familier – l'escalier menant de la chambre à la boutique – j'avançais parmi les façades, leurs stucs colorés avec l'étrange sentiment de reconnaître ce que je ne connaissais pas. Quelques repères comme dans un jeu de piste. Après l'église et ses buissons de grisaille, j'aboutis à la rue d'autrefois. C'était là, face au boulanger où il y avait foule ce dimanche.

Un trou derrière des palissades. C'était tout. Plus de volets rouges, ni le redent du mur pourvu d'une barre où l'enfant aimait se suspendre. J'entrai dans le café voisin.

— La maison d'à côté? Elle est restée murée pendant une dizaine d'années. On l'a démolie, je ne sais plus quand, trois ou quatre ans peut-être.

Léonard m'avait précédée dans le retour à Argenteuil. Avait-il vu le volet couleur sang de la boutique, couleur nuit sous le ciel du soir ? L'avait-il vu, comme il l'écrit, ou bien rêvé, imaginant le cordonnier poser les clous qu'il avait dans la bouche et écarter le pied d'acier pour s'adonner au plaisir de parler quand les conversations s'enchaînaient dans la couleur du thé doré ? Léonard planté devant les murs de la boutique – mais étaient-ils encore dressés lors de sa venue ? Léonard épiant, à l'affût des murmures, des noms prononcés, des ombres près de l'entrée du corridor.

Il erra longtemps dans la nuit d'Argenteuil, tout ruisselant des gouttes d'orage, bras ouverts pour étreindre un fantôme, et retenir le vent des songes. Il rentra seul, fourbu, me rendant le vrai prix de ma vie, dans les larmes. Il n'avait pu suivre le corridor ni pénétrer dans la cour sombre, là où gisait le vrai secret.

Par une fenêtre exiguë, plus large que haute, surmontant l'évier, seule ouverture de demi-jour de la cuisine, le regard de Fanny tombait sur la cour. Dans l'espace resserré de la pièce jouxtant la boutique, la mère, à travers la vitre regarde la cour, ses pavés humides, les scolopendres autour du point d'eau. J'ai beau fouiller, rien ne revient à ma pensée, image ni sensation. À peine une forme vague et sombre dans un recoin, reléguée dans l'ombre de la cuisine. Dehors, le robinet goutte sur la grille, l'humidité imprègne la cour ; le feuillage robuste pousse parmi les pierres. Scolopendre, les sonorités assourdies, maléfiques du nom suffisent sans description à dire le lieu sombre où croisaient les périls, l'œil sourcilleux du teinturier, les entrées inopinées par le corridor de la mort où l'enfant joue avec ses poupées, abri construit au petit bonheur, au grand malheur.

La scolopendre, animal carnassier, venimeux à anneaux, un mille-pattes monstrueux dont la blessure est pareille au scorpion, emblème de la saison maléfique, fin octobre, début novembre. Et le regard de Fanny, déjà recluse, tombe sur le trou d'eau, le puits de larmes aux scolopendres. Par le corridor, la Gestapo est prête à entrer, c'est pour bientôt, fin octobre.

L'enfant n'avait pas pleuré lors de son arrivée à Aurion. C'était le temps des Trépassés, la grosse cloche résonnait dans le brouillard humide du soir, un battement lent, répété, rappelant le village au souvenir des morts.

Les pleurs attendent. Le docteur Schwan connaissait la profondeur du puits où tout s'était englouti. Avec son aide, j'y reviendrai, dans la cour sombre, prête à tomber, tomber encore dans le puits de larmes, aux scolopendres. Étrangement ce fut depuis les Champs-Élysées, quand le paradis semblait à portée.

Léonard indiquait la voie. Le retour à Argenteuil, il me reviendrait de le faire, seule, sans artisan pour le voyage. Après la détresse de la séparation. Délire et détresse pour me reconduire au trou qui ne peut se combler. Aucun souvenir laissé, juste quelques ombres, réduites à un nom dans le Mémorial de la Déportation. C'était le vrai lieu. L'absence.

Je volais vers Léonard, bravant les interdits. Un élan irrépressible et condamné. Car si j'y songe, il n'y eut jamais, même à l'instant de la rencontre, la clarté des commencements. Le bonheur n'était pas à l'horizon. Seule la nécessité.

Qu'est l'idylle sans l'espérance ? Jeu truqué. Entre nous une grande ombre s'était invitée, et nous recouvrait.

Couleur défunte de l'amour naissant. Au fond de moi, malaise, discordance. Lui voulait le présent sans frein en toute liberté, pour moi il en allait autrement. Le risque de périr s'y jouait.

Ruser avec soi, avec l'autre. Déchirement redouté et poursuivi à la fois.

Pourrai-je survivre ? Je vais me casser, un engrenage forcené.

Très vite les dissensions.

Partir, se séparer, s'interdire l'un à l'autre, rester, tout permettre, tout défendre. Ensemble ou séparés nous avons parcouru toutes les stations. Les scènes ultimes se répétaient, liquidations éclairées au lumignon. D'une entre toutes je me souviens, dans la lumière soufrée place du Panthéon, il avait bu et nous naviguions en détresse entre les voitures parquées dans la nuit désertée.

L'utopie se liquide, le soupçon a tout envahi. Entre les murs de la chambre, brutale union des corps dans le mensonge. Le deuil est omniprésent, sa nécessité.

Comment pourrait-il s'éloigner celui qui m'a ramenée ? Mais comment empêcher ce qui était inscrit avant même le roman entamé, la disparition ? Épreuve majeure, pour que l'advenu advienne, que le chagrin retenu pendant quarante années explose, que la mort jamais dite s'impose. Tant de temps pour raccorder la chose et les mots, comment le croire ? Cela fut pourtant.

L'adolescente voulait le père, la femme voulait le deuil et bientôt je ne voulus plus que la mort. Commença la descente aux abîmes, un à un les escaliers du métro, plongée pour ne plus resurgir, souterraine disparition, comme happée sur le bord du quai par le serpent bruyant qui s'avance.

Comment avoir supporté cela ? Angoisse, effroi, culpabilité avec l'abîme devant soi, la certitude d'y tomber. Les eaux de tous les barrages du monde se libèrent pour emporter. Je me surpris un jour sur la vitre du métro, un visage triangulaire menton levé comme pour faire émerger au-dessus du paquet de vagues la petite figure de proue et son regard de noyée. Je vis sur la vitre mon abdication écrite, l'enfant s'était perdue, j'avais perdu l'enfant. Mornes jours de la perdition, au bord du quai la machine lancée ralentit, son mufle approche avec le clin d'œil entrevu un instant du pilote, une invitation à monter pour le voyage souterrain, retour aux entrailles, une suite de stations obligées avant terminus. Attention à ne pas trop approcher du bord du quai.

Désir brutal, solitude, solitude encore et toujours. La ville s'est éloignée dans la divagation souterraine.

Derrière chaque pas, chaque regard échangé, la suspicion, le bruit des armes. La perte inexorable s'approche, de jour en jour. Elle va engloutir, écraser la nuque ployée. Chaque rendez-vous comme le dernier. Pas la rupture d'un ouragan, mais l'usure, la déchéance. Et pourtant il y en eut encore des rencontres, des derniers rendez-vous, ratage sur ratage, l'instant répété de la jouissance et de la destruction. La dernière phase s'était engagée, il fallait pour ne pas s'écraser trouver la réplique. Je savais que je n'aurais pas la capacité de le faire et me laissais emmener, passive, vers la phrase guillotine. J'y ai songé depuis, une défaillance si vitale avait suivi la rupture parce que je n'avais su reconquérir le dernier instant et, par là, m'étais condamnée à la revivre infiniment. Je n'eus pas le dernier mot. Léonard disparut un soir de novembre à l'angle du boulevard Saint-Germain. Ce sera la dernière fois, dit-il, me laissant au bord d'un continent de détresse, suppliante sans genoux à étreindre pour fléchir la nécessité, dans la suite des nuits, des éveils.

Il est si long à user, l'inusable chagrin d'enfance.

Le bon docteur savait cela, n'ignorait rien du puits de deuil, quand j'échouai dans son entresol après la rupture, tous les barrages en moi dévastés. Deux fois la semaine, je me traînais dans l'autobus jusqu'à lui, attendant d'un mot le salut. Je ne peux plus, je vais périr. Dans mon dos le sphinx était silence, et j'étais une énigme enfermée.

Parfois au sortir de séances très chahutées, allant au-delà du sourire de connivence, patience, disait-il d'un air tendre, à moi qui avais passé ma vie à attendre, et la porte se refermait, juste poussée, entrebâillée.

Un chagrin explosait, quarante ans après la disparition s'avouait, tous les mots, les terreurs retenues se libéraient. Un massacre.

Et Léonard, quel défi le poussait? Qui sait les secrets? Les siens je ne les sus jamais. Il apprit le renoncement et la guerre. Englué, il le disait, dans quelque chose de poisseux. Il ne pouvait s'en dépêtrer.

Comment a-t-il si bien entendu les mots que je n'ai pas prononcés? Ensemble nous avons monté le plus funeste des pièges à vie où l'on s'est pris un temps au risque de se perdre en entier. Petit artisanat tragique qui semble ridicule à distance.

L'éternité, l'éternité! À jamais. Amour éternel, pleurs éternels, couronne mortuaire. L'éternité, le jeu toxique nous ont piégés. Lui sentait ce quelque chose de poisseux qui l'embourbait et, pour finir, s'en est extrait au couteau.

*

Il faut aujourd'hui replonger – en aurai-je la fermeté? – dans la nausée, le lieu où j'étais restée sur le lit prostrée, des jours, des mois ou des semaines. Comment compter?

Le saut ! Aurai-je la force d'exécuter pour entrer s'il se peut encore dans la chambre noire ? Je m'avance avec difficulté, ma main tremble dans la chambre aux volets fermés pour que loin de toute clarté, même la pâleur d'un jour d'hiver, je puisse aujourd'hui retourner à ce noir d'encre où je tremblais, plus démunie et plus défaite qu'un nouveau-né.

Comment dire la suite d'instants répétés, la trépidation des secondes ? Les murs proches de la petite chambre aveugle m'enserraient comme une boîte ajustée, mais plus encore la rigidité de mon crâne. Tout avait disparu. Plus de sorties, les jambes abandonnaient la partie. Plus de visite, j'avais perdu l'usage de la parole. Le lit occupait tout l'espace de la pièce, minuscule. Point n'était besoin de plus. À travers la forme étendue, pendant des jours, le temps s'infiltrait goutte à goutte, et il n'y avait que l'écho de cela dans la tête, seconde après seconde.

Ne dormant ni jour ni nuit. Hors de la raison, hors de la folie, exclue de la vie dans un non-lieu, une forme amorphe, un simple renflement sur le lit. Devenue un instrument de mesure, le sablier pour scander l'écoulement formel et vide du temps, un enfer morne.

Enfermée dans l'étau d'un crâne qui n'était pas le sien. Comment dire ?

Pas d'images. Ça ne voit pas. Ça ne raconte rien, aucun fil de continuité. Du matin au soir et au lendemain, ça cogne avec constance dans la tête, coup après coup. Un mitraillage continu sur les tempes. Tout s'est effondré au-dedans, ni moi, ni je pour la relance. Elle-même, une ombre pour les siens, ses amis, ses proches, un reflet d'angoisse. Ils se sentaient impuissants à tenter quoi que ce soit. Elle était partie... errante parmi les ombres. Dans la chambre noire n'était resté qu'un dépôt de sa vie, de la déjection, rien d'héroïque dans la descente parmi les ombres. Être en vie sans qu'il soit possible de vivre, sans la volonté de survivre, sans l'énergie de ne plus vivre.

Un gouffre, une dissolution. Comment en sortir ?

Damnation appelle éternité, le docteur Schwan m'a sauvée. Je lui dois tout, au bon docteur, la vie et ce qui s'ensuivit.

Nous avions bien failli nous manquer. Des analystes, j'en avais beaucoup essayé sur les conseils de tout un chacun, quand j'eus un peu retrouvé l'usage de mes pieds, au moins pour me rendre à deux ou trois rendez-vous hebdomadaires. Un périple héroïque ou comique, on cogne aux portes, mendiant son identité. Morne défilé, les réalistes, faisant crédit en tout, sauf sur le prix de la séance, les empathiques, les pénitents, les sadiques, non croyez-moi, l'épreuve de force avec moi ne passe pas, les catholiques qui vont se charger du fardeau, laissez-vous faire, tout ira bien... Il s'en est fallu de très peu. De porte en porte j'arrivai chez le docteur Schwan, un modeste cabinet pas loin de la gare Montparnasse. Empathie, l'écoute fut bonne mais il ne disposait d'aucun rendez-vous, m'orienterait comme il convenait.

Il y allait de ma vie, je le compris. Pour la première fois depuis des mois, je criai, j'étais là. Recommencer encore et encore ? Pourquoi continuer à présenter de porte en porte un récit éventé, un matériau d'où bientôt on ne pourrait plus rien tirer ?

Son acceptation fut ma chance. Cher docteur pas du tout orthodoxe ; il n'hésitait pas à vous administrer de la chimie pendant la cure. L'Halcyon n'était pas encore interdit à l'époque. Qu'est-ce que j'ai pu m'envoyer ! *Rêvez doux alcyons, doux alcyons rêvez.* Mon oreiller était de plume, j'y posais ma tête allégée, complètement partie pour les rendez-vous de la nuit. Des nuits de miel, des nuits d'oubli. L'insomnie cédait.

Schwan se souciait du récit bien plus que du commentaire. Il me laissait déballer tout à trac ma boîte de Pandore, sans rien en dire. Sa surdité aussi l'y aidait. Seuls quelques mots dans la distance perçaient. L'attention flottait, l'oreille aussi, c'était réussi ; comme dans la myopie, quand on détecte de façon perspicace les signes que justement l'on guette, le numéro de l'autobus dans le lointain.

La vie nocturne reprit ses droits et Léonard, devenu invisible à mon cœur dans la profondeur où j'avais sombré, revint quand la nuit à nouveau s'anima. Voici qu'il m'avait rejointe. Dans une vaste avenue classique bordée d'ifs et de tombeaux, quelque survivance sans doute d'une promenade d'autrefois où il n'était pas, au long de la Via Appia Antica, Léonard et moi, nous éloignions, vus de dos ! Nos mains se tenaient, haut levées selon l'attitude courtoise et résonnant dans la perspective, portée par l'écho antique, la voix neutre de Léonard tranchait sur ce fond de beauté : Je n'aurais pas aimé ça, disait-il.

Léonard s'éloignait avec la dame à son poignet, proférant une condamnation à la limite de l'obscénité. On n'aurait pu trouver mot plus bref pour l'exprimer, ça. Rien qui fût inclus dans le rêve. La figure féminine à pointes et poulaines avait un port altier, une allure lente de gondole. L'idylle s'éloignait, dans son ajustement médiéval.

Ça ? Invisible dans le sillage laissé par la voix, sans bouche, sans visage, un regard sans yeux sur le couple aristocratique. Une interjection, et le ton neutre du constat. Où étais-je, qui était moi dans tout cela ? Pas là. Un costume disparaissait, coiffé du hennin, noblement détourné de la chose et hors de la scène, dépouillé de sa dépouille, horrifié, sans bouche pour crier, le corps déjeté de la rêveuse. Ça.

*

Sur un lit étroit, clouée. Voulant se cacher ou disparaître.

La saison du reflux de l'amour emportait tout sur son passage, après l'égarement, dans un lieu surexposé.

Le Palais dispensait trop de clarté pour des vies qui ont dû l'éviter, la clarté, vies commencées dans les ténèbres des corridors, des tranchées.

Elle ne fut alors qu'une bouchée dans la gueule de l'épouvante, et dans le noir de la chambre, des ombres informes frayaient, déchaînées, ombres silencieuses, sans voix, sans forme, une foule pressée, innombrable, des mères, des hommes, enfants à peine nés, entassés dans les fosses, des ères d'humanité superposées. Mais ils n'étaient alors qu'un bourdonnement dans les tempes.

Et sur son lit, elle ne savait qui la réclamait. Persécution sur elle, sans mots, sans visage encore. Annihilée, sans la vaillance de l'enfant pour se confronter aux fantômes, avancer de nuit rue de la Ferrière comme elle le fit, à Aurion. Il faut l'attendre longuement, le temps de la reconnaissance et la main tendue au rendez-vous fixé qui sauve.

Tu es enfin venu, donne la main à un malheureux et enlève-moi par-dessus les ténèbres, avec toi. Que dans la mort au moins, je trouve un lieu de paix, la maison qui m'a toujours fait défaut...

Mon enfant, je vois ton visage, oui, je le pensais ainsi dans mon cœur, je t'attendais. Donne-moi la main, ne te dérobe pas.

L'amour, la paume donnée au cœur du danger. Gare Montparnasse, la paume souple et chaude, un peu moite de l'artisan tenait la main de l'enfant pour l'enlever hors de danger, au travers de l'immense hall zébré d'aboiements et de cris. Êtres hurlants devenus chiens.

L'artisan venu, sans devoir, sans obligation, risquant sa vie. Et sa paume, le lien fort d'humanité, seul demeuré.

Errances dans la suite des nuits. Dégringolades, escarpements où s'user les poings et les dents pour retrouver son actualité. Tous les âges s'étaient brouillés, les rangs aussi et les époques tandis que perdue dans l'envers du temps je m'épuisais à remonter la descente à reculons. Comment rentrer dans le temps ? Ne sachant où, sous quelle figure, errante dans l'infini de la nuit. Où que je sois, je ne suis pas. Nulle part je ne peux être. Lourde dans le puits de larmes, tombant, tombant… L'attraction de la chute était si forte qu'elle maintenait toujours couché, sur le flanc, ce corps dépareillé, laissé pour compte à la défroque.

Tous mes pas furent des égarements ; le chemin s'était perdu. Un malaise permanent m'habitait. La nausée annulait tout de ces jours non vécus. Mangé l'espace du dedans ; à la périphérie quelqu'un s'affolait, l'air atone, en des gestes désaccordés.

L'occasion la plus anodine déclenchait des perplexités ; se vêtir ou s'alimenter. Plus d'appétit pour le quotidien. Des jours entiers sans que parmi les hasards, les mille images de la ville, la vie veuille faire son marché. Comment dire les boutiques du lundi et leur rideau de fer scellé, l'étreinte de la semaine qui s'engage à reculons ? Et les autres jours, comment dire l'écœurement devant les éventaires débordants ? Tant de vivres accumulés où rien ne s'offre pour tenter.

Comment savoir ce que l'on veut sans savoir si l'on est ? Je me cherchais comme un objet perdu, dans les rues, dans les boutiques, dans les notices nécrologiques.

Les dames en quarantaine, la vie durcie, le nez rougi, hantent les après-midi ensoleillées des fins d'hiver, promenant leur sac et leur misère dans les squares. Chaotique et loqueteuse, au hasard des rues l'existence se délitait en lambeaux.

Les jambes manquent ; si le cœur flanche restent les transports en commun. Qui dira leur vertu ? Il suffit du bras levé pour stopper l'autobus, ensuite plus rien à décider du parcours. Double perfection : on bouge et la ville est à la vitrine, elle s'offre, des silhouettes attrapées, des visages, des uniformes, tant d'existences qui défilent dans leur consistance. Comment font-ils ? Quel secret partagé auquel je n'ai pas accès, pour être en soi de façon évidente ?

Instrument de la philosophie ambulante, l'autobus offre aujourd'hui un vrai portique, le panorama des conditions proposées quand on s'est planté de façon décisive. Il aide à choisir sous quel costume recommencer au décrochez-moi ça des postures, quelle figure pour faire retour ?

Dans l'autobus numéro zéro, j'usais les jours sur la ligne interminable du temps. Le rythme du véhicule (on y était alors moins secoué), la succession des stations avaient remplacé l'agenda, le train des rendez-vous, réunions. Suspension… Je serrais fort dans ma poche la carte orange sous plastique et la clé ronde de l'appartement, comme si je leur étais accrochée. C'est à elles qu'il revenait de me mener dehors promener, chaque jour pour ma sortie, hygiène obligée quand l'animal reprit pied, au sortir de la chambre.

Je m'étais remise à circuler petit à petit, mais je n'y étais pas, n'en étais pas, une monnaie périmée en somme. Derrière la vitre de l'autobus, cherchant à faire mon marché, d'envies de vies, de suggestions, moi-même à l'étalage, honteusement.

La ville s'était tue sauf l'engouffrement des sirènes dans le boyau de Rivoli. Sous la langue il n'y avait plus l'épaisseur des mots qui appellent. Quelqu'un voudrait pleurer pour le deuil de l'amour sans qu'ait eu lieu le deuil de la vie. La tristesse en état de défense passive s'était claquemurée et le fond sonore continu des annonces à la radio, à la télé, me renvoyait l'écho d'un chagrin ventriloque, frelaté.

Deux fois par semaine, j'avais un itinéraire obligé. Lundi, jeudi, je descendais à Montparnasse, rue de l'Arrivée. L'adresse m'avait interloquée au départ. Rue de l'Arrivée, dans l'état de débâcle où j'étais ! Quelle arrivée ? Je ne savais pas depuis plusieurs mois où j'allais, si même j'allais encore… enfermée et couchée dans la chambre noire. L'horaire des rendez-vous, le trajet d'autobus et la suite des arrêts jusqu'à Montparnasse – rue de l'Arrivée – donnaient le rythme de ma semaine.

Je descendais, tout se déroulait, la porte à franchir, l'escalier et la porte entrebâillée pour entrer sans sonner dans une pièce minuscule, dédiée à un seul patient, l'attente à plusieurs étant par principe prohibée. Comment d'ailleurs en ce lieu imaginer un face à face ? Je m'immobilisais sur un des sièges dépareillés, osant à peine regarder. Il me fallut des mois pour commencer à explorer du regard les revues et les livres sur les étagères. Je me fixais sur la plante verte anémiée, tâchant de rassembler quelques mots talismans, de trouver l'ouverture qui donne la clé de la séance, dans l'attente du bruit de voix, de pas et de porte repoussée. C'était mon tour, il était là dans l'odeur de tabac blond, cuir de Russie, et sa moustache courte et fournie, docteur Schwan.

C'était des fins d'après-midi d'octobre. Je somnambulais dans l'obscurité de la ville, voyant s'éloigner derrière les marronniers la tour Eiffel, qui était mon repère. Les pigeons s'abattaient au pied des arbres, lourds de la pluie grise d'automne. Humidité froide. Je tremblais. Débris de vie et mots déchets.

Les séances avaient commencé le 1er comme les rentrées d'autrefois dans la petite école à Aurion. Le grand départ, écho d'un autre rendez-vous, en octobre 1942 à Montparnasse justement, de l'autre côté de la place, rue du Départ, quarante ans avant. Tout semblait se jouer dans un périmètre cerné. Montparnasse retour-aller : rue de l'Arrivée, c'est le commencement. Ainsi en décide la vie, il faut partir de là pour retourner rue du Départ. Reprendre par le b.a.ba, b justement avant le a, pour épeler les jours perdus. Suivre quarante ans après le chemin de vie à rebours, nageant à contre-courant dans le torrent du temps.

À reculons, à reculons, comme les écrevisses.

Dans la chambre d'échos, les creux, les bosses du canapé antique en velours sombre m'accueillaient ; je m'allongeais dans l'empreinte encore tiède du précédent visiteur. Les fantômes allaient prendre corps, nourris de la chaleur des vivants, parmi les livres et les esquisses. Jeu réglé dans la limite des trois quarts d'heure accordés. La parole comme à la paume me revenait, balle frappée sur quel mur invisible dans mon dos ? Amplifiée par un silence à couper au couteau, j'entendais l'écoute du docteur Schwan. Lui parlait peu, me faisait surtout répéter sous l'effet d'une surdité bénéfique. Était-ce lui, était-ce moi, lequel des deux n'entendait pas ? Dans mon dos, le mur sourd à mes suppliques, ne répondait pas, il renvoyait en écho à mes propos, une question semblable à un souffle, oui, la voix d'un silence semblable à un souffle : où es-tu ?

Dernier hiver

J'errais… Cet automne-là mon amie Ania était restée enfermée à nouveau sans pouvoir sortir, le plus souvent couchée, son regard si vibrant sous le turban qui cachait son crâne. Je l'avais négligée depuis sa rechute, après un répit où elle crut – nous tous avec elle voulions croire – qu'elle avait triomphé de son mal, mais le cancer l'avait reprise.

Elle fut la première quand j'eus la force de faire retour à l'amitié, une bonne année à lui souhaiter, le 1er janvier. Sa voix s'étirait en un chuchotement monocorde. À quoi occupait-elle ses journées ?

Lire ? Non, elle ne peut plus ou presque, pas non plus la télé.

La veille au soir, le réveillon s'était fêté chez un ami commun, là où nous nous étions rencontrées, rue Saint-Honoré.

J'étais invitée, c'est tout près, mais j'ai craint la foule. J'écris une chronique bientôt à paraître, sur le vilain été passé.

L'été précédent en juillet, nous avions marché ensemble sur les allées du Champ-de-Mars, entre les bosquets, les pelouses et leurs couronnes de promeneurs abandonnés ; des couples nous dépassaient à la recherche d'un refuge, la chaleur m'ankylosait, la déprime, j'avais le désir de mourir, la honte de l'éprouver si fort, près d'elle, qui voulait vivre.

— Tu comprends, si je pouvais encore m'installer aux terrasses des cafés, pour mater, simplement mater, disait-elle.

Son regard brun doré, ironique. « Aus-chwitz » reprenait-elle toujours après moi, tu prononces le nom comme une goy.

Elle avait bataillé, écrit dans des années déjà anciennes, Cuba, les femmes dans la Résistance. Résister ? Ce jour même, le premier de l'année, j'avais pris un cahier d'écolier et écrit quelques phrases. Une bribe de continuité retrouvée qui me donna la force de l'appeler. Le filet de voix en réponse témoignait de sa faiblesse. C'était un simple tenu de la voix, au plus plat, à peine un souffle. J'écoutais avec des palpitations à tout rompre, ma vie comme aspirée au-dehors. Le fil entre nous allait se rompre, un lien ténu. Des images m'assaillaient, visages humains pompant la vie par les trous des yeux, de la bouche ; la frénésie encore au bord du vide. Il fallait couper.

De la compassion, Kundera a écrit qu'elle est diabolique. Que serait-elle en effet sans la cruauté, sans le scalpel de la cruauté, sinon une immense débâcle du moi ? Il faut que le Malin s'en mêle pour nous préserver. Comment ? Je ne chercherai pas plus avant, le scalpel.

Quelques jours après le premier de l'an vint le grand froid, l'hiver surgit, le vrai, celui d'autrefois. Même à Paris, la neige s'accumulait en une épaisse couche blanche ; dans les caniveaux l'eau gelée jetait ses éclats.

Des records partout furent battus en Europe, des centaines de morts, les loups affamés – espèce qu'on avait crue disparue – resurgirent en Tchécoslovaquie. En Pologne la Vistule s'immobilisa sous les glaces, les rails éclataient à Varsovie, à Lodz. À Londres, la nuit du 12 au 13 janvier fut la plus glaciale dont on eût souvenir depuis 1940 qui avait connu soixante-dix jours de gel, débâcle sur débâcle. Cet hiver-là était demeuré dans les annales. On skiait à Montmartre. Au dégel, affaiblis de privations, les Parisiens pataugeaient dans la neige sale, noire sous les semelles de bois.

La succession des hivers se confond avec la guerre même, pincements, brûlures, gerçures, un unique parcours jour après jour à Aurion, depuis la gare jusqu'à l'école. Route sonore et blanche, l'écho des galoches éclate dans le silence à chaque pas. Marche misérable pour les pieds, pour les doigts gourds, gloire de l'enfance. Au village, les habitants s'empaquetaient dans des vêtements de hasard, accumulés comme pour un opéra de gueux ; des tas de loques, plus de tabac pour se réchauffer, mais tous fumaient de froid, chaque bouche. On recherchait, triant les cendres, la moindre escarbille.

Dans la distance des années, tout s'épure. Comme si l'hiver, seulement lui, le froid terrible toujours au-dehors, eût été l'unique saison de la guerre jusqu'à l'explosion d'été en juin 44.

Quand à Paris le froid fléchit, les grèves éclatèrent pour ajouter à la débâcle. Une poudre fine et crasseuse tombait sur la ville coincée entre le ciel blanc, le sol boueux. Des autobus fantomatiques zigzaguaient dans les lointains. Rue de Rivoli, les congères interdisaient l'accès aux magasins pour touristes. Les soldats du contingent déblayaient avec mollesse. Métro Concorde à midi, chacun se glisse dans la chaleur de la bouche. Les quais s'emplissent de rangs successifs, voyageurs résignés, sans tension, sans hargne. Une polémique s'était déclenchée après le refus de la RATP d'ouvrir plus de stations aux clochards – on ne disait pas les SDF encore. Dans le métro, la proximité devint bénéfique. Chacun échangeait de sa chaleur vitale avec l'autre. En ces jours blancs et gris de janvier, je me mis à aimer la cadence fragmentée du métro, son espace de contiguïté, d'isolement. Assis l'un face à l'autre, un couple. Ils ont quelque chose d'usé, lui moustache grise et longs cheveux, un maintien aristocratique, des baskets en fin de course, et elle, le nez camus, renfrognée sous son vilain bonnet de laine. Il a la main à son poignet, tout près de la fourrure râpée qui ornait jadis les manches, et de temps en temps, l'embrasse avec douceur au coin des lèvres.

Jours d'embellie au premier soleil de printemps – il vient toujours avant la date ; on ne l'attend pas quand les vies et les vitres sont sales de la poussière des jours morts, encore. Le vent marin remonte le fleuve jusqu'à Notre-Dame, rabat les mouettes sur le bassin du Luxembourg.

Printemps si long à venir pour qui va perdre l'espérance dans l'étendue morne, immense. Clarté illusoire, regain de force ? Tromperie plus cruelle encore, le néant proche.

Écrire une phrase pour se sauver, un crayon vite, quelques mots à écrire ou bien je vais périr. Sur une page d'écolier, pour continuer à respirer, les mots furent jetés : « un bout de soleil sur le balcon et un ailleurs hors d'atteinte… l'histoire d'une enfance qui n'existe pas ».

C'était le 10 février. Ce jour m'aveugle. Terrassée, chaque année, tu ne sais pourquoi tu l'es, le corps se souvient de ce qu'il n'a ni su ni vécu. Ce jour me tue, amnésie, pourtant tu ne connais qu'elle, la dernière carte écrite au crayon à Drancy, le 10 février. J'avance dans le soir d'hiver consistant et gris à Paris, corps à corps obscur où désespoir et jouissance se fondent, ô monde là si fort. La souffrance est en moi féodale. Solitude, c'est l'heure où les tensions et les tâches fléchissent, on peut se donner aux fantômes et se glisser en d'autres vies. Le passé en douceur revient.

Les soirs d'hiver à Aurion dans la cuisine, les hommes ont déserté à regret la partie de cartes, la chaleur, l'excitation du Café de la Gare. La maison s'est refermée, partout calfeutrée, bourrelets aux portes et papier bleu aveuglant les fenêtres. Dans la cuisine, l'eau susurre dans le bain-marie, le feu ronronne et l'enfant-chat en béatitude dévide lentement la pelote, le brin de laine entre ses doigts glisse pour nourrir la trame, juste ce qu'il faut, le tricot s'allonge, l'histoire aussi, recommencée de soir en soir. Tout s'est tu, le temps dans le récit ralentit, s'arrête.

Elle raconte la magicienne, orpheline à quinze ans, un père qui la déteste. Dès sa naissance, la mère détournée d'elle. La ferme attend, il manque des bras à l'ouvrage, l'homme est au front, la guerre, longue. Et au retour du soldat, la mère subjuguée, amoureuse, et un fils né dans le temps béni de la paix. Le père ne la connaît pas, cette enfant quittée sitôt que née, sur elle pèse son regard sombre.

Pauvre enfant, quelle malédiction ! Naître ainsi un an avant la tuerie... Adolescente grandie sans soin, livrée à rien, à elle-même, sauf la grand-mère, un peu éloignée au village là-bas. Une âme pieuse.

Près d'elle, un petit coin de terre au cimetière, oui écoute-moi, tu sais, c'est là que je veux reposer. Auprès de qui tint lieu de mère, souviens-t'en.

Obligée de se placer chez les autres pour travailler, gagner de quoi se vêtir. Paysanne encore, déjà elle enviait la toilette, savait se transfigurer avec. Pendant ses nuits ou ses absences, le tyran aux moustaches en croc souille ses robes de marques de graisse.

La bûche craque, ponctue le soir, et la vapeur de l'eau les enveloppe l'une et l'autre, loin du pavé de brique élimé, de l'odeur de vin usé dans l'évier, loin de la table aux cartes, aux jurons. Ni rivalités, ni tensions, mais le récit des désirs et des déceptions. Souffle suspendu, l'enfant écoute, elle s'absorbe dans les paroles de l'autre enfant malmenée par le père. Brutalité, comment peut-il, un père ? En ce cœur sombre de l'hiver, un nid d'affection dans la minuscule cuisine. Histoires d'enfances bousillées et la femme qui n'a pu grandir, cherchant sa part d'amour toujours, dans la bataille de la vie.

Comment un père… ? Et qu'est l'affection d'une mère ? Pour l'autre enfant, la place est vide. À Argenteuil, mère absence, toujours écartée, seules les étreintes du père sur le balcon à ciel ouvert ou dans la nuit ensanglantée.

Où est la mère ? Invisible dans le recoin de la cuisine entre la cour sombre et la boutique. Rien, ni image, ni odeur… Mère absente. En elle aussi, l'enfant, l'histoire gémit, revendique. Comment réparer le passé et ôter ce voile de mélancolie jeté sur les yeux de la magicienne ? Les mains fixées sur la pelote pour bien l'enserrer, l'enfant recueille la parole. Au cœur du foyer, dans la nuit noire de la guerre, côte à côte, absorbées dans les travaux d'aiguille, leur ouvrage de Pénélope, la longue trame des misères, père idolâtre disparu, tyran trop présent, mère absente. Dans la cuisine cernée de nuit, les menaces sont écartées, et les hommes pour un temps bannis. Elles sont là, comme deux orphelines, méli-mélo, leurs vies embrouillées l'une en l'autre. Tendrement, l'enfant se penche pour mieux entendre et consoler. Maternité.

La mère ? Disparue sans laisser de trace, ni mot ni lettre. Aucun souvenir. Une ombre dans la cuisine. Et sur le beau portrait de Pologne, son regard transparent, elle ne voit pas le monde là, regarde au-delà. Ses yeux immenses ne me voient pas. Pas même l'ébauche d'un sourire suspendu, seul le miroir d'un regard qui ne reflète pas.

Venant de la gare Montparnasse, à l'arrivée à Aurion, c'était le temps des Trépassés, au son du glas dans le brouillard froid du soir, et la procession des enfants en chasuble sang, chantant l'office des Ténèbres.

De Drancy, le 11 novembre 1942, partait le convoi 45 puis les transports cessèrent jusqu'en février.

L'enfant se penche pour mieux entendre les récits de la magicienne, l'oreille aux cloisons de ténèbres ; quarante-cinq ans après, aux minces cloisons de la nuit où vivants et morts se rejoignent, j'écoutais le silence et les larmes.

Au retour de chez Ania, ma première visite promise, d'autres suivraient, j'avais marché le long des quais depuis la Mégisserie. Parmi les oiseaux et les plantes pointaient des mâts, les fusils des CRS partout présents dans le quartier pour couvrir le procès de George Ibrahim Abdallah ; le verdict était proche.

Nous l'avions évoqué avec Ania. Accrochée à l'écriture de sa chronique pour un journal problématique qui avait du mal à survivre, elle me parla pour la première fois d'un épisode qui la hantait. Israël contemplé du haut du Golan, côté Syrie. Elle y était allée après 1973, mentionna des dignitaires à qui sa vie fut mêlée ces années-là, en Algérie. Du haut du Golan, elle voyait s'étendre le lac de Tibériade, la Galilée, Nazareth. Ces noms restés pour moi un cahier d'images pieuses aux couleurs pastel, des souvenirs d'autrefois dans la belle villa aux palmes à Aurion où Mlle Thérèse accueillait les enfants de la laïque, circulant de l'un à l'autre dans son fauteuil de handicapée, bonté sévère, haleine forte tandis que, tirant la langue, nous mettions l'Évangile aux couleurs enfantines. Une trame de légende, la marche sur les flots, la pêche miraculeuse, les pains multipliés pour la noce, des festins à rêver dans les privations.

— Comment ai-je pu ? Observer Israël de là, comme une cible, j'ai le cœur serré si j'y pense. Le Golan la tourmentait, je promis de revenir très vite.

À Concorde, avant de plonger dans la bouche du métro, j'achetai le journal du soir, le wagon était bondé, impossible de lire, sinon sur le volet plié où parmi le sommaire le titre en gros caractères me sauta au visage : *c'est bien lui Ivan de Treblinka.*

Tout m'atteignait si fort, comme à peau nue en ces mois-là. Je me mis à trembler. Les fusils des CRS, procès à Jérusalem, à Paris Action directe, les attentats, l'ambassade d'Irak et, si proche encore rue de Rennes, Tati et son enseigne aux couleurs d'un torchon de cuisine maculée par les débris de corps projetés, je n'osais plus passer par là tant la vision était demeurée… Partout la violence assaille, dehors et dedans, sarabande ; à chaque pas se lève un poignard. Quelqu'un tremble, sur le fil tendu de la menace, l'enfant, la femme, une autre encore, qui va là ?

Oui c'est lui, c'est bien lui, Ivan de Treblinka, c'est l'homme assis devant vous.

Huit jours avant, le procès s'était ouvert au tribunal de Jérusalem. Un placide mécanicien de l'Ohio écoutait, attentif, face à l'index pointé. John Demanjuk, accusé d'être Ivan le Bourreau, responsable de la mise en marche du moteur de la chambre à gaz.

Le témoin désignait l'accusé, doigt pointé sans défaillance. Arraché au ghetto, la veille de Yom Kippour – c'était l'automne 1942 en Pologne – les portes des wagons pour lui s'étaient ouvertes à Treblinka. Dès l'arrivée, sous ses yeux, son jeune frère eut le crâne fracassé par la crosse d'un pistolet SS.

Presque un an il avait travaillé aux transports, depuis les chambres jusqu'aux fosses. Les enfants et les femmes d'abord – leurs corps brûlaient mieux au fond. Comme des chevaux, les détenus, au pas de course sous le fouet, brancardiers d'enfer. *Schnell, schnell*, les cris d'effroi, les nourrissons jetés aux flammes, danse de mort où tout ce qui passait à portée de cet homme-là, Ivan le Terrible et son tuyau de ferraille, était torturé, battu à mort.

Répétitions à une cadence infernale, les wagons à l'arrivée, cargaisons, transports, nettoyages, récupération. Une valise au cou, les Juifs préposés couraient, l'argent ici, l'or par là. *L'empire de la mort se change en débarras.* Ainsi jusqu'au jour de la révolte, onze mois après l'arrivée. Le témoin avait échappé, parmi très peu, errant à travers les bois de Pologne pour revenir en secret dans sa ville. La vie continuait comme si rien ne s'était passé dans les forêts, juste à côté. Lui et son compagnon d'évasion dormaient la nuit au cimetière – mon père à la même saison, sept ans avant, lors de son retour clandestin en Pologne, le dernier avant le dernier voyage, s'en remettait pour sa sûreté aussi à la superstition polonaise.

— Le cimetière ? Pas de meilleur gardien pour dormir sur ses deux oreilles, disait-il en riant, à ses amis, à sa famille et son jeune neveu. Maier ouvrait sur lui de grands yeux pleins d'émotion, buvant ses paroles, y puisant sans en savoir encore le besoin, une leçon de courage et d'audace pour traverser deux années à Dachau.

Au cimetière, les deux évadés couchés sur leurs tombes prenaient les ancêtres à partie. Toute une nuit, ils avaient gémi, injurié, maudissant l'indifférence du monde.

— Toutes les nuits, il revient dans mes cauchemars, Ivan de Treblinka, un visage gravé pour toujours, des traits qu'on ne peut oublier. Regardez-le, il n'a pas tellement changé : son cou puissant, ses oreilles un peu décollées. C'est lui, je l'ai aussitôt reconnu, dès sa descente à l'aéroport.

L'accusé ne semblait pas concerné, poli, impassible.

— Je ne suis jamais allé à Treblinka, disait-il de temps à autre, comme étranger à ce procès.

— Quarante-cinq ans après, je le reconnais, c'est lui, il n'a pas changé.

Le témoin poursuivait, descente toujours plus bas dans les cercles, l'enfant sortie vivante de la chambre à gaz, elle avait douze ans environ, elle a dit je veux maman. Baisse ton pantalon, hurla Ivan au détenu. Le récit se casse de pleurs, il faut poursuivre, votre honneur je vais essayer, l'enfant chevauchée sur ordre, puis achevée après la profanation.

Je lus sans pleurs l'atrocité et, quarante-cinq ans après, le cri imprimé sur le visage de l'enfant sortant de l'école se mit à hurler.

Insomnie la nuit qui suivit, les trois points rouges s'éteignirent au sommet de la tour Eiffel, la nuit s'étendait, noir de ma mémoire. Je partis à tâtons vers le lieu premier.

Une configuration se dessine, la cour sombre d'Argenteuil et son odeur d'eau stagnante sous le robinet où croissent les scolopendres. Sur le côté, un escalier monte aux chambres, je l'emprunte et grimpe jusqu'au balcon à ciel ouvert. De là, je m'en souviens maintenant, on entrait d'abord dans la salle – devait s'y trouver un lit d'enfant, je ne le vois plus. Et après, donnant sur la rue, le grand lit de la chambre à coucher que l'enfant ne veut jamais quitter à l'heure du coucher refusé. Elle échappe tel un esprit malin, jusqu'à s'ouvrir le front un soir sur l'angle en marbre du chevet. S'ensuit le drame, du sang, l'étreinte du père pour l'emporter. Leur grande ombre fuit dans la nuit de la guerre, à la lueur des réverbères.

Sur le chevet, une photo de noces – famille ou amis ? Elle m'a été remise après la guerre, Jacques et Fanny y sont parmi les invités. Le marié a des oreilles décollées et un regard noir terrifié. Des milliers, des millions de portraits sur les murs des chambres d'Europe ouvrent des regards étoilés sur le vide où ils vont s'engloutir.

Jacques dormait encore dans la chambre au petit matin d'octobre 42 quand surgit la Gestapo. Ils ne montèrent pas l'escalier et seule Fanny fut emmenée. Ils étaient entrés par le corridor noir qui séparait les deux boutiques, celle du teinturier louche faisant office de concierge, et celle du cordonnier. Ce matin-là, l'enfant ne s'y trouvait pas. Elle aimait le noir de ce couloir, y jouait longuement avec ses poupées emmaillotées de colifichets, gaze et satin. Rien ne peut vous arriver dans le noir, personne ne vous voit, mes bébés. Intimité chuchotée, au creux soustrait à la terreur, croyait-elle, tout occupée à bercer ses chiffons bien aimés.

Yossef Charny, « l'enfant jouet », avait treize ans à Treblinka. Les témoignages se succédèrent au procès jusqu'à la fin mars.

— J'étais un enfant, ils avaient tout, biens, pouvoir, le pain, il leur fallait aussi des jouets. J'étais leur souffre-douleur, le jouet des SS à Treblinka, toujours à la botte de Salkeh le commandant. Sur moi la mort au moindre manque. Il avait un chien énorme, entraîné à dévorer les organes des hommes…

— Je vous en prie, continuez.

— Je ne peux pas. En ce moment, votre honneur, je sens Treblinka partout autour de moi, je suis à Treblinka. En pleurs, se tournant vers sa fille, dans la salle, il dit avant d'achever le témoignage, en yiddish : Tu sais, il n'y avait pas le choix.

— Tu es un menteur, s'écria Demanjuk jusque-là impassible, je ne suis jamais allé à Treblinka.

À travers les témoignages donnés au procès, la justice vit défiler l'ensemble des perversions.

Pendant la guerre, Jünger y avait regardé d'assez près, la perversion le fascinait. *Ce juriste âgé d'une soixantaine d'années, il faisait partie du gouvernement militaire de Lille où il dirigeait le bureau des passeports.* Chaque fois qu'une femme se présentait, un même rituel se répétait : *Il va falloir pleurer, chère enfant,* et jetant sa victime sur le divan, jupes troussées, il lui fouettait les fesses avec une badine de jonc. *Le héros de cette histoire occupait encore à Berlin, il y a peu longtemps, la direction du service des questions juives et il collaborait au* Sturmer *où il écrivait des articles sur les méfaits sexuels des Juifs. Ce sont là des correspondances symétriques. On cherche l'autre dans sa propre cachette.*

... C'est ce qui explique la terrible excitation qui s'empare de toute une ville lorsqu'elle apprend les détails d'un meurtre sadique. Chacun sent alors résonner le verrou de son propre enfer.

Qui entrebâille le judas risque de se perdre lui-même.

— Je ne suis jamais allé à Treblinka, répétait l'inculpé sans désemparer.

Huit ans plus tard, j'irais à Treblinka quand j'aurais trouvé la force de faire le voyage en Pologne. C'était le printemps. Vue d'avion, la Pologne était clinquante au soleil avec ses miroirs d'eau. À l'arrivée, un dimanche d'été à Varsovie, des robes légères, les carrosseries colorées des voitures, des tramways brillaient. Le soir, je suivis à la télévision dans la chambre les résultats de l'élection à Paris, au terme de deux septennats achevés.

Au petit déjeuner, dans la trame du matin qui commence, la musique de *Chagrin d'amour*. On aimait ces refrains à Aurion, les dimanches matin. C'était comme une élévation dans la pause de la semaine, avant la messe.

Soixante-dix kilomètres nous séparaient de Treblinka, un parcours à travers une campagne verte, presque toujours ensoleillée, sauf le temps d'une brève averse. Une étendue vaste et plate, où le vent soufflait avec force. Des paysans circulaient dans leurs charrettes basses, évasées, qui semblaient posées à même la terre lourde. Les oiseaux chantaient à Treblinka, tandis que nous faisions silence devant les deux bougies allumées au milieu de la forêt de pierres levées. Treblinka, caché au creux des forêts, atteint comme au terme d'une excursion de campagne et d'enfance, dans un paysage qui ressemble à Aurion, les eaux de printemps dans les prés, les allées forestières sous les bosquets. Les pierres levées, seules les grandes pierres jalonnent le chemin de l'ancienne voie de chemin de fer, et rappellent que tout fut détruit par les nazis à la fin de 1943, après la révolte et l'évasion de quelques-uns, dont le témoin au procès d'Ivan dit de Treblinka.

— Je ne suis jamais allé à Treblinka, disait l'accusé, ajoutant parfois : Mais si je m'y étais trouvé, j'aurais, comme les autres, obéi aux ordres.

Ania, je ne savais pas, il me faudrait lui demander, y était-elle allée à Treblinka ? Le temps bousculait, ses forces déclinaient vite, mais évoquant l'actualité et ses débats, elle retrouvait l'excitation de sa profession, des réflexes, une continuité. Le procès lui posait bien des questions, nous discutions. Tant d'années après, quel crédit faire à la mémoire ? Exactitude et terreur vont-elles de pair comme on a tendance à le croire ?

— Son visage est gravé, je n'oublierai jamais, toutes les nuits il revient, je le revois dans mes cauchemars. Les témoignages se succédaient à la barre, se confirmaient au fil des jours.

— C'est lui sans hésiter, pas un seul jour il ne m'a laissé en repos, voyez-le, on le nommait le « dentiste » de Treblinka, dit le témoin debout, le montrant du doigt. C'est lui le super démon, le vrai Satan.

Comment rejeter pareille désignation ? Tous les témoins l'avaient pointé d'un doigt vengeur, le mal en personne. Pas un bureaucrate, mais l'exécuteur même, un monstre chaque jour à repaître, de sang, de torture, de la façon la plus crue.

Les témoins avaient longtemps attendu le face à face, et il était là maintenant, livré aux hommes, le démon de leur vie qui continuait à les hanter.

Maier, mon cousin, pesait trente-trois kilos quand des soldats américains le découvrirent dans la neige encore gelée en avril à Dachau. Nous n'avions guère parlé de cela, une ou deux fois. J'écoutais dans la cuisine à Montréal ; il était resté après la guerre pour témoigner dans les procès, aider à identifier les tortionnaires. Plus rien ni personne ne l'appelait où que ce soit. Ce fut un temps de justice et de deuil, cinq années où il mit la moitié de lui au tombeau, le jeune Maier de Pologne.

Parlant d'un ton monocorde, voix assourdie, regard en dedans – je n'étais plus là, lui non plus – c'était comme l'effort d'un mort pour se souvenir. Ni réalité ni cauchemar, rien de pensable, un décollement fantastique lui avait fait quitter l'humanité pour n'y revenir qu'à moitié. Parlant d'un autre, d'autres que d'hommes, d'ailleurs que du monde… L'indicible ? Quand les mots pour désigner les réalités, les adjectifs pour les évoquer, les verbes de l'action humaine, tout fait défaut, la langue n'est plus que manque, un trou noir.

Langue indicible, celle des bourreaux et des chiens, les ordres, les hurlements, la barbarie à triple ou quadruple gueule, vagissements, les âmes des nouveau-nés pleurent, et fracassant le silence, quand s'ouvraient les portes, la chute des paquets de corps.

Une autre langue, un autre espace, l'enfer ne s'évoque pas. Au-delà du fleuve, quoi ? Une boue sans consistance, une herbe sans couleur,

Trans fluvium... informi limo glaucaque exponit in ulva.

Au-delà du fleuve, Birkenau, privé de mots. Sans.

Tandis qu'à l'Est on liquidait les ghettos – à Czestochowa d'où venait le témoin au procès d'Ivan – en octobre 1942, les échos n'étaient pas encore parvenus à Paris, capitale si délectable pour Ernst Jünger parmi les plaisirs exquis de la gastronomie, de la bibliophilie, des amitiés distinguées qui le comblaient. Pourtant là aussi la chasse avait commencé, marquée par les journées de juillet au Vel' d'Hiv. *Hier un grand nombre de Juifs ont été arrêtés pour être déportés – on a séparé d'abord les parents de leurs enfants, si bien qu'on a pu entendre leurs cris dans les rues.* Pas de surdité, confident de Jünger, le journal parisien d'octobre, dans son pessimisme glacé, annonce le pire, un futur qui ressemble à l'Apocalypse. *La fin de ce siècle sera peut-être plus terrible encore que son début et son milieu,* et le guerrier d'*Orages d'acier* savait de quoi il parlait ! Chaque soir de ce mois d'octobre, il lit l'Ecclésiaste, Job, Isaïe, son favori – *le chantre de la décadence, un bon prophète pour notre temps.*

L'octobre du temps et de l'âge : mauvaises nuits, maux d'estomac, annonce du départ en Russie. D'où vient le désenchantement de ce mois-là ? La défaite des armes s'annonce, mais au-delà Jünger diagnostique un autre enfer, l'histoire du monde à son tournant, *la fournaise mondiale mise en branle,* anéantissement fantastique des villes allemandes, *succursales de Chicago montées sur leurs ruines.* Abolition du monde ancien, encore à ce jour le sien, vertu défunte du guerrier. Comment vivre sans héroïsme ? Que trouver ?... sinon *dans un trou ensoleillé à l'écart, la vertu des lézards.*

Comme le lézard, le sentiment se dissimule, fuyant, caché. Des notes brèves, énigmatiques à l'approche du départ en Russie, *violentes crises pendant la nuit. La frousse... mauvaise nuit.* La *frousse*, le mot en français dans le texte, comme le double écran du secret.

En octobre 1942, nuits de cauchemar à Aurion pour l'enfant, le ciel zébré de feux, des trajectoires colorées, mais le visage commencé ne peut s'achever sur la page noire du ciel d'alerte, et la perte ne peut se dire. Des pointillés au lieu de révélation.

À Paris, le médecin de Jünger consulté lorsqu'il *apprit que je partais pour la Russie, il ne voulut pas accepter d'honoraires*, comme une offrande pour la mortelle traversée... Je m'en souviens à Aurion, la panique des soldats allemands, planqués dans une campagne écartée, lorsqu'ils recevaient l'annonce. Départ pour l'Enfer, le front de l'Est, disaient-ils, déjà blêmes, partis ailleurs dans leur terreur, et les habitants soudain les regardaient autrement, gênés de la compassion éprouvée.

Cette coupure peut être bonne, note Jünger. *En réfléchissant à cela, je fis tomber du lavabo un verre qui vola en éclats.*

À la date du 18 juillet, il avait écrit, après le Vel' d'Hiv, et la mention des cris de femmes et d'enfants dans les rues : *Pas un instant je ne dois oublier que je suis entouré de malheureux, d'êtres souffrant au plus profond d'eux-mêmes. Si je l'oubliais, quel homme, quel soldat serais-je ?* Au même instant la Gestapo entrait par tous les couloirs, heurtait les portes, les emportait tous, Fanny, hommes, femmes, enfants dans les cris qui montaient des rues.

Il savait sans se l'avouer ; s'agissait-il de la guerre encore ? *L'uniforme impose le devoir d'assumer protection partout où il le peut, il est vrai, il faut pour cela batailler comme Don Quichotte avec des millions d'adversaires.* Don Quichotte ? Un héroïsme sans emploi, bon à ranger au cimetière des illusions ?

Face aux cris, face aux pleurs *d'êtres souffrant au plus profond d'eux-mêmes,* peut-on se détourner et renoncer à batailler ?

Tout s'emporte dans l'intense mobilisation, humanité balayée, le cri des enfants juifs emplit les rues de Paris et Jünger, les mains vides, mouline à contretemps, du vent. Un rêveur en somme.

*

Le 17 juillet 1942, Himmler visita le camp d'Auschwitz. Il voulut tout voir, le système de drainage en construction, le bloc hôpital bondé, les baraquements surpeuplés, et assista au traitement complet d'un transport qui lui avait été réservé, notant très exactement les défauts d'organisation pour y remédier. Professeur de mathématiques, il croyait en l'arithmétique.

Après quoi il termina par un moment d'intimité, au domicile personnel de Rudolf Höss, fut charmant avec femme et enfants, et promut en partant le commandant au rang d'*Obersturmbannführer*. En réalité Himmler n'était pas si content, il avait noté tous les manques – une organisation bricolée, insuffisante pour répondre avec l'efficacité souhaitée au chantier si bien formulé, à Wannsee.

Il revint sept mois après, en janvier, inaugurer la mise en marche des nouvelles installations, avec le traitement de 3 000 Juifs polonais amenés pour la circonstance. Il se fit donner par les officiers rassemblés les détails préliminaires à l'opération, écouta avec attention, puis d'un pas tranquille, alla vers la porte scellée et regarda par le judas. Tout était prêt, on pouvait commencer. L'entretien se poursuivit et plusieurs fois au milieu des conversations, dans la fumée des cigarettes, Himmler retourna au judas.

De telles nouvelles me font frémir d'horreur; le pressentiment d'un effroyable danger me saisit. Quelques mois après l'inauguration, en avril 1943, des échos en parvinrent à Paris. Jünger les reçut de son vieil ami le colonel Schaer. *D'entre les choses qu'il raconta, la plus horrible était surtout la description d'une fusillade de Juifs… Je ne serais guère surpris si la terre volait en éclats, que ce fût par la rencontre d'une comète ou dans une explosion. En fait j'ai le sentiment que ces hommes-là sont en train de percer la terre et que ce n'est pas simplement par hasard qu'ils ont choisi les Juifs pour victimes principales. Leurs maîtres bourreaux possèdent une sorte de clairvoyance inquiétante qui ne repose pas sur l'intelligence, mais sur des instincts démoniaques. À chaque carrefour, ils trouveront la voie qui mène à plus de destruction.*

Il paraît d'ailleurs que ces fusillades n'auront plus lieu, car maintenant on passe aux gaz.

À l'automne 1942, le sort de Jacques et de Fanny était scellé. Le temps d'un hiver, le dernier. Deux convois séparés, deux cartes parties de Drancy, le 11 novembre et le 11 février, aux deux portes de l'hiver.

L'été précédent, quelques jours brefs à Aurion, au rythme de la vie villageoise : conversations, nourritures, amitiés. L'odeur des tilleuls au soir entrait par la fenêtre de la chambre vaste qui donnait sur la rue de la Paix. Les battants de l'armoire en merisier luisaient dans l'ombre. Plus tard ils s'ouvriraient dans les nuits de l'enfant, sur l'horrible secret ricanant.

L'artisan voulut persuader Jacques de ne pas user du billet retour. D'ici peu, les jours terribles seraient passés, un automne, un hiver. Il travaillerait comme bûcheron dans une ferme. Qui pourrait aller l'y chercher ? Les bois étaient profonds alentour.

Pourtant il retourna, emmenant la femme, l'enfant. Inconscience, devoir militant, sentiment d'immortalité ? Jamais on ne saura le secret.

Errante dans les rues, à l'automne 1942, Fanny avant l'arrestation, je l'imagine aux aguets, les courses de quoi nourrir, le train pour voir les cousins, les amis à Paris, la peur au ventre dans la gare, dans les rues d'Argenteuil, sous chaque porche. Promenant l'enfant aux bords de Seine avec sa cousine de Belleville, végétations grises, barges lentes enfoncées sous le charbon dans le fleuve, tombeaux noirs. La campagne tient du terrain vague, un vagabond surgit ; ses gestes, son irruption, je m'en souviens maintenant comme d'une agression. Pourquoi ? Le tissu du temps se déchire.

Quelles furent les pensées de Fanny dans la cuisine, cet automne-là ? Mère étreinte par le malheur, vouée à lui, son regard le dit. Pas surprise quand il vint la saisir, pistolet armé, surgissant du corridor, fin octobre.

En avril, un autre procès s'annonçait. Le printemps revenait. J'entendis au journal d'Europe 1 le matin que Primo Levi s'était tué à Turin sans attendre Pâques.

Qu'avais-je fait de ce temps-là ? Faiblesse proche de la trahison. Ne pas flancher quand il faut y aller, comme l'artisan à la gare Montparnasse, que tous pourtant dissuadaient au village. Une vraie folie. Pourquoi l'avoir fait, prenant tous les risques pour une enfant étrangère ?

Le procès Barbie s'ouvrit en mai, le 11. Petite nuit, je dormis peu jusqu'à l'instant où le jour pâle éveille le bruit des poubelles. Le jour du Jugement, c'était maintenant. Je tremblais quand j'ouvris le Mémorial de la Déportation, gros registre bistre dont la vue brûle. Perpétuel égaré sur les rayons. Je le cherche sans vouloir trouver. Registre enfoui, pas classé. Qui pourrait-il côtoyer ? Quelle cote pour l'identifier ? Entre mes mains tremblantes, mon histoire. J'y entre d'un doigt balbutiant sur leurs noms à l'un et à l'autre, les dates de naissance. Si jeunes encore, plus que je ne l'étais moi-même, eux, devenus par la force du temps, mes enfants. La date des convois séparés de quelques mois, de novembre à février, le plus rude hiver de la planète. J'avais lu déjà. Tant de fois j'avais oublié. Qui pourrait fixer ? La mémoire n'est que rejet.

J'ouvris aussi la chemise de carton pâli, aux bords fripés, mordus du temps. Elle renfermait la correspondance du père après son arrestation, et l'artisan me la remit à mes vingt ans. L'avais-je lue auparavant ? Oui. Non. Comment le dire ? Je lisais ces lettres de feu, elles brûlaient tout, laissant leur marque sans souvenir – sauf la dernière, si brève, écrite au crayon, de Drancy.

Pourtant au matin du 11 mai une phrase perça l'amnésie. Dans quelques heures Barbie allait comparaître, les quarante-quatre enfants d'Izieu pèseraient lourd dans la balance, enfants qu'il vint dénicher à toute extrémité, dans une nature protégée et lointaine, un asile. Jacques, le père avait écrit dans une longue lettre datée du 17 janvier 1943 – c'était ma rentrée à Aurion – *Je suis heureux de savoir que ma petite Hélène va aller à l'école... Espérons qu'elle finira par s'habituer à ne pas trop penser à ses malheureux parents.* Début d'année, le moral fléchit, un père est contraint d'espérer qu'en son enfant mourra sa mémoire.

Ces papiers vieillis, tombés en lambeaux... ma vie. Seul témoignage attesté d'une origine, ils m'étaient restés étrangers. Qu'étais-je, sans racines, sans pays, sans parents ni souvenirs d'enfance ? Un être de papier, une absence... entre les pages d'un livre non écrit, une fiction. Où prendre pied pour la fille du cordonnier ? Ni Argenteuil ni la Pologne. L'univers des premiers ans s'était perdu, totalement. Un monde *infans*, pas encore né à la parole.

Devenir réelle, comment ?

Il n'y avait rien à retrouver du monde englouti. Fiasco des rares tentatives pour mener le début d'une enquête comme celle qui me conduisit autrefois à Wissous, chez la femme venue me prendre à la sortie de l'école, trente ans avant. Dans le fracas des avions au ras des têtes, j'allais, somnambule parmi les petits pavillons, dans l'angoisse d'une révélation. Et ce fut un visage déformé tout d'un côté qui parut quand enfin la porte s'ouvrit après que j'eus longuement sonné. Regard d'imbécillité, sans réaction à mes questions, un son rauque et sourd sortit de la bouche ; résistante, elle avait été déportée puis torturée à Ravensbrück. Je m'enfuis.

Je n'eus non plus jamais la force, l'habileté de questionner comme il convenait l'artisan, ni plus tard Maier à Montréal. L'artisan qui m'avait donné la chance d'une vie nouvelle, de la vie tout court, me protégeait de ce retour intempestif au passé. La bruine noyait ses yeux, sa gorge se nouait dès le moindre signe de curiosité. Je m'accommodais bien volontiers du flou artistique, parents absents sans leur mort jamais dite, judéité absorbée dans la laïque. La fiction me convenait plus que la réalité. Comment expliquer ? Je n'étais pas armée pour mener l'enquête, je ne la voulais pas sans doute et, à l'heure où commençait une vague nouvelle de procès, j'étais requise par la vérité collective qui englobait tous les destins. Il était trop tard, bien trop tard pour donner à Jacques et Fanny autre chose que l'hommage qui fait revivre leur nom et l'ombre de leur souvenir.

En ce matin du 11 mai, en moi une quête longue à mener commençait, étrange quête sans savoir où, pourquoi, ni comment. Descendre à nouveau à la cave, éveiller les terreurs premières et la tendresse qui permit de demeurer parmi les hommes. Les souvenirs n'existaient pas, quelques empreintes laissées pour compte, enfouies. Obscures cavernes. Tout inventer à son corps défendant, à corps perdu. Un long voyage, le temps pressait et les démons souvent revenaient. Primo Levi s'était tué. Dès le 15 mai, Klaus Barbie décida de ne plus comparaître. Il n'avait pas été extradé légalement, justifia son avocat, mais « vendu contre 300 millions de francs et 300 tonnes de farine, comme par hasard, des multiples des trente deniers ».

L'ultime signature à l'ultime infamie.

Qu'avais-je à chercher ? Le temps désormais compté enserrait de toutes parts. Trop tard pour tout. Projets empêchés, vie comprimée. L'enfant immobilisée dans l'instant avait vécu, disparue à travers les crises qui venaient surtout en automne, à intervalles rapprochés au fil des années. Un temps malade de fin octobre à février, il bégayait à n'en plus finir, butant sur des fondrières. Je tombais.

Bien avant qu'il fût Président, François Mitterrand voulut m'aider à conjurer ce mal qui lui était étranger, pour lui étranges difficultés. Il les voyait sans les comprendre mais essayait par l'amitié de les conjurer. Un soir d'automne, me raccompagnant sur le quai d'une gare à Paris – j'étais déjà sur le marchepied – il me tendit son livre qui sortait le jour-même. *Une rose pour une année sans automne*, avait-il écrit.

Le fleuve avait coulé, m'avait emportée. Pas de parenthèses soustraites, l'éternité… fracassée avec Léonard.

L'automne qui suivit le procès Barbie, j'étais en pleurs encore dans les rues de Paris, sous la pluie. Entre les branches dépouillées, la tour Eiffel rouillée.

*

Ania mourut en janvier, un an après ma première visite. Un an, son corps déserté près de qui veillaient deux jeunes gardes-malades tour à tour. Je vins les relayer, deux ou trois fois où je la trouvai encore éveillée, puis tout cessa. L'enterrement eut lieu au cimetière de Pantin. Pour le départ du cercueil le ménage avait été fait, tout bien rangé, les lits au carré. Quand la boîte franchit le seuil, le lieu de sa vie, même affaiblie, minée par la maladie, s'évida d'un coup. Reliques, des photos incongrues dans les cadres, sourires d'été, le sein pour nourrir un enfant.

Au cimetière le froid montait de la terre humide, les cris des femmes auprès d'une tombe voisine brouillaient le discours du rabbin, penché sur le cercueil enveloppé dans sa robe noire avec l'étoile de David.

Le chagrin flotte, sans nom, sans larmes. Chagrin de quoi sinon du temps ? Les émotions, les morts se confondent.

Je retrouvai Ania la nuit qui suivit. Revenue vivre en Normandie, j'habitais à nouveau la maison que j'avais tant aimée. Mon amie avait emménagé à côté, dans une maison toute semblable, avec de grands arbres sombres et un bassin. Les bassins jumeaux étaient plutôt du genre piscine, différents en cela du délire de stuc auquel s'était livré le maçon italien dans le parc où j'avais vécu. Deux piscines rectangulaires, sans fioritures, où nous nagions côte à côte, sitôt l'éveil, mais l'eau des bassins était sombre et ce matin était de nuit. Toutes deux plongées dans l'eau nocturne sans reflet.

Temps révolu, fausse promesse de l'éveil. Il est plus tard que tu ne penses. Une vie perdue, où en es-tu ? Négligences, frivolités et, dans le meilleur temps du festin, la menace soudain se fait jour.

Trop abusé de tout, du plaisir, du temps donné quand sans sursis la menace s'abat. Instant souverain où il faut quitter le festin tel Balthazar du tableau de Rembrandt. Festin des festins pour la lignée de Babylone. Richesse acquise dans les crimes : vaisselle d'or soustraite au Temple, pillages, déportations, prophètes jetés aux flammes. Rois impies travaillés de songes, vivant entre démence et raison. Ninive, Chaldée, Babylone, Jérusalem.

Dans le cours même du banquet, le roi détourné, la main encore au plat d'or, voit une main sortant des nuées, les boissons hors des vases lâchés s'écroulent. En un instant la main avide devient main crispée dans un spasme, et le roi en chasuble d'or lit sa condamnation écrite. Les lettres flambent. Mané, Thecel, Pharès.

You have been weighed in the balance and found wanting.

En avril 1945 à Dachau, Maier pesait trente-trois kilos quand les Américains l'emmenèrent.

Le temps

Février encore, Paris ressemble à Drancy, un ciel à la mine de plomb, malaises dits et redits. Tout s'est tu. Les coulées molles de la pluie s'infiltrent et je lisais Primo Levi, d'autres récits. L'herbe rongée, les barbelés, les nuits de glace s'étendent sur le Paris d'aujourd'hui.

C'était la date anniversaire de la dernière carte du père et je voulus aller à Drancy. J'y partis un lundi matin, métro mortifère, les mines tristes, on grelotte dans la grisaille. Au passage les affiches crient, aux couleurs des Tropiques, du chocolat. La tension et la peur d'aller vers le lieu interdit me donnèrent la nausée au point que je dus renoncer. Je ne suis jamais allée à Drancy, le nom seul sur l'autoroute suffit à me faire frissonner.

Pour faire retour, il fallait s'y prendre autrement. Peut-être commencer par Aurion, bientôt les jours seraient plus longs. D'Aurion aussi j'étais restée éloignée.

Un faire-part me devança, la mère de Raoul était morte à l'hôpital où elle vivait depuis quelques années. Du passé, seul Raoul demeurait maintenant. Il lui était d'ailleurs si tendrement attaché qu'il avait eu l'intelligence d'en faire profession et d'inventer un commerce inédit dans ce petit village oublié des TGV et des axes autoroutiers.

Sa maison mitoyenne par le mur du jardin à la cour autrefois encombrée du café, s'était encore embellie. Arceaux, gloriettes de rosiers avaient remplacé les massifs délimités et les allées de gravier qui crissaient dans les courses-poursuites de la mère après le fils, provocateur, insolent au-delà des limites permises. Enfant, il pouvait injurier, blesser, lui n'avait pas à mériter l'amour. Il adorait sa mère, la craignait, mais sa malice l'emportait.

— Ton commerce, tes chères affaires, ne t'en fais pas, quand tu mourras, tout valsera, clamait Raoul en culottes courtes, se détournant pour la narguer. Il n'a cessé de la pleurer. Maîtresse femme, elle avait su rondement mener leurs affaires. Sans qu'elle l'exprimât vraiment, je comprenais enfant sa réprobation pour l'attitude de Marie au café. Ses yeux seuls parlaient avec une sévérité que motivait l'inconséquence commerciale de la coquette du quartier, plus que ses frasques amoureuses. Les longues siestes, la toilette, les parties de cartes à n'en plus finir la détournaient du droit chemin de prospérité. Plus d'invention, plus d'énergie pour le négoce.

Après la guerre la mère de Raoul, avisée, avait su donner une formidable extension au commerce de fruits et légumes qui occupait le grand hangar contigu à la maison. Misant sur une prospérité à venir, le lustre retrouvé des notables, les parents de Raoul avaient acquis de grands étangs dans le canton. Carpes et tanches ondoyaient dans des cuves de bois cerclées et le père, le dos rond, empressé sur sa bicyclette, allait livrer pour les dîners une pièce de choix, un brochet dans les meilleurs cas.

Tout enfant, Raoul avait manifesté d'autres goûts ; la porcelaine, les objets hérités du passé, il en savait d'instinct le prix. Ils l'avaient entouré depuis toujours. Sans les voir, il les savait là, en était imprégné au point d'en faire plus tard un monde où vivre, le sien.

Sa véritable instruction, la maison s'en était chargée, qui lui servit, à son insu, de bréviaire de distinction avant même qu'il devînt un lecteur assidu du bottin mondain. Je lui enviais, enfant, son privilège, une vraie maison par-delà le mur du fond de notre cour, des objets disposés avec attention, de vrais repas qui se cuisinaient à heure dite. Dès six heures du soir s'échappait une odeur de fricot mijoté. Raoul lui-même eut très tôt le goût de se mettre en cuisine, préparait des spécialités qui me faisaient saliver, les œufs à la tripe en particulier. On s'activait, la réjouissance du soir se préparait, quand il me faudrait, deux heures après, la nuit venant ou la nuit tombée selon la saison, aller « au » pain rue de la Ferrière, trouver le strict nécessaire pour un repas à la sauvette.

Plus tard les choses anciennes devaient confirmer leur empire. À la mort du père, prenant la direction des affaires pour se substituer peu à peu à la mère, Raoul réduisit le commerce, renonça aux étangs et aux pêches, et, bien au-delà du possible dans ce petit village perdu, commença à construire un grand avenir d'antiquaire.

L'ascendance nobiliaire, même sans éclat, l'avait toujours fasciné. Il était bien le fils d'un terroir attardé dans un passé révolu que la guerre avait pour quelque temps encore préservé. L'ancienneté y demeurait la marque de la valeur, et non la flamboyance de l'argent.

Être issu d'une souche ancienne, autrement dit descendre de haute branche, est une aspiration commune à tout enfant. Pour Raoul l'écart était majeur entre la réalité de sa vie rustique et boutiquière, et son rêve. Mais la maison où il vécut, où il vit encore, souverainement posée au fond d'un jardin, en recul sur la rue de la Paix, se distinguait par son allure, ses proportions. Sorte de petit domaine avec un terrain à sa mesure, elle dota Raoul d'une ambition où se mêlaient la beauté et le prestige de ses rêves secrets.

Quand la clientèle familiale, huppée mais de moins en moins argentée, perdait avec constance les moyens de vivre, le magasin d'antiquités s'institua sur leur déclin. Pour les noms à particule, descendant des féodalités, Raoul était un enfant du pays, un familier. Qui eût pu sinon lui en recueillir les plus beaux restes, meubles de haute époque, tableaux Renaissance, porcelaines ? La proximité effaçait l'humiliation d'avoir à se vendre.

Par fidélité, tant que sa mère vécut près de lui, il garda une portion congrue du commerce parental, mais elle perdit bientôt tout son sens et finit par coûter fort cher, la petite vitrine mémorielle à base d'abricots, de poires choisies – vrai reliquaire de pitié.

Il n'arrivait pas encore à fermer cette fenêtre-là sur le passé, sorte d'offrande pour compenser le chagrin, la honte qu'il infligeait sans le vouloir à sa mère. Une transgression qu'il dut avouer après des années malgré tous ses efforts pour la vaincre, puis pour la cacher dans un village resté longtemps collet monté.

La distinction, le style apporté à son nouveau métier l'aidèrent à s'affirmer tel qu'il était. Que reprocher au connaisseur des plus grands ébénistes, Jacob et *tutti quanti* ? Il refusa de se compromettre dans les bassesses de l'antiquaille au rabais, trafic, imposture, le tout-venant. Spécialiste de l'estampillé dix-huitième, on venait chez lui de l'Ouest entier pour se meubler, près de l'ancienne cour encombrée de bouteilles où des rats fuyaient parfois dans le caniveau.

Le faire-part venu d'Aurion ravivait le désir de contacts que j'avais laissé se perdre. Je vins pour la sépulture, c'était samedi, accueillie dès le porche par l'odeur fade de l'eau bénite stagnant dans le réceptacle de pierre, que les bigotes s'échangeaient autrefois du bout des mitaines en un geste acéré comme une passe d'armes. Après l'ombre, la clarté du chœur. Avec quelle jeunesse la basilique élançait ses arches blondes au-dessus du cercueil drapé et d'un petit tas de vies humaines recroquevillées par l'hiver et par l'âge ! Plus personne ne m'était familier, sous les figures couperosées, séchées, comment identifier d'éventuels survivants ?

Le grand orgue se mit à jouer. Élévation, les ondes sonores se déploient, la musique m'emporte avec elle à travers la haute nef illuminée soudain d'un rai de soleil qui allume les murs de pierre. Puis l'orgue cède aux psalmodies en latin, l'examen de conscience commence, me voici donc tremblante et seule devant toi, j'implore ta pitié toi l'unique que j'aime… Quel ennui ! Les préliminaires sont longs et ternes comme la trame élimée des deux tapisseries couleur vert-de-gris moisi. Les murs sentent le salpêtre, la poussière et les souris. En un grenier abandonné, des rites vénérables et oubliés s'effilochent au fil des dimanches. Vus sur la tapisserie même les chiens sont incompréhensibles. Et pour les personnages… que veut dire ce bras levé prêt à tomber sur une gorge appuyée au billot ? Et cette échelle qui monte au ciel auprès d'un homme qui sommeille ?

L'adagio de la messe lentement se déroule dans l'attente de l'évangile où le curé va raconter une vraie histoire de guérison, de compagnonnage. Mais après, il y a le sermon. Crampes à l'estomac, bâillements, pesanteur…

L'éloge de la défunte me ramène à la cérémonie de ce jour. Consolations à la famille et promesses de retrouvailles. Défilé en berne, femmes voilées comme statues en carême, au lieu de l'allegro de plus en plus vivace qui emportait l'enfant impatiente de l'Agnus Dei vers l'Ite Missa Est jusqu'à la lumière carillonnante sur la place. Il était midi au clocher, *ne varietur*, aiguilles jointes pointant le zénith du temps.

Le monde du village, j'hésite – comment l'appeler, le natif ou l'adopté ? –, s'effaçait. Les parents n'étaient plus, l'artisan depuis longtemps. Il était trop tard déjà quand il consentit enfin au médecin, ayant fort redouté de connaître le mal qui le détruisait. Assis silencieux, épuisé, ses yeux seuls protestaient, un appel auquel nul ne sut répondre, moi non plus.

Et les camarades du quartier, perdus de vue ou disparus. Robert fouetté par sa mère – son hurlement dans les soirs d'été, je l'entends si je fais silence et je revois le regard bridé, l'éclat jaune dans ses prunelles – un sournois, disaient les gens – il s'était pendu dans un champ isolé derrière la gare, vers les campagnes où il ne se joignait jamais à nos jeux.

Des roulades sans frein pour dévaler les pentes en été, sur la luzerne, le trèfle rose, un tapis encore humecté de rosée à sa base. Débauche d'efforts et de forces, tonneau des Danaïdes, toujours plein, toujours vide. L'enfant géant tout contre terre reprenait force à chaque tour.

Le deuil a creusé, le temps a bien érodé. Au lever, chevilles cerclées, on n'émerge plus du sommeil comme d'une mer. Le temps s'était écoulé sans que je reste de côté. Temps étranglé. Rue de Rennes, allant vers le docteur Schwan, la pluie dégoutte du parapluie, la buée isole, les contours de la rue se dissolvent ; les souliers font floc.

Elle s'était perdue, l'enfant. Je m'étais crue soustraite, figée en longues parenthèses d'absence. Pendant ce temps, l'horloge avait continué à tourner et l'attente n'avait rien ajourné. La messe est dite, ou quasi. Le sentiment d'être immortelle m'aidait à l'être, comment vivre sans éternité devant soi ? À contretemps, une adolescente attardée, batailleuse, luttant toujours hors de propos pour des rivalités dépassées ! Un personnage comique, la revendication incarnée. Réclamant mon dû quand j'en avais reçu les dividendes et beaucoup plus... Le temps serre aujourd'hui de trop près comme si le ciel, soudain, m'était tombé sur la tête. Un malheur druidique.

L'heure de mâcher les herbes amères. Adieu désir. Faudra-t-il retraverser le désert ? Comment le faire sans délire ? Le branle s'était mis dans le temps... Au retour des funérailles, j'eus besoin de retourner sur les lieux où j'avais traîné dans la déshérence, après la rupture avec Léonard. Le sol manquait alors, chaque pas mis devant l'autre était un succès, en ce cœur vide de Paris, le Palais-Royal. On l'a déjà oublié, c'était alors un lieu de relégation pour quelques marginaux oubliés, dames en quarantaine, clochards, vaincus à peine revenus des batailles. Sous les arcades, un monde à la traîne, décorations militaires aux vitrines, modistes, soldats de plomb, un étrange capharnaüm des signes de distinction hors d'usage, croix de guerre et chapeaux. Plus de catins, ni marquis d'Argenson – le banc étourdi de pensées s'était tu depuis des siècles – mais un côtoiement indifférent, presque honteux.

En peu d'années, tout avait changé. Buren avait rendu aux jardins leur célébrité après la bataille d'injures, d'obscénités qui fit rage sur les palissades. Un joggeur rouge traversa l'esplanade, slalomant entre les troncs rayés. Curieux et touristes s'y croisaient. Un autre Palais.

Je revins à pied, traversant le jardin des Tuileries du côté des gazons râpés où s'ébattent les statues de Maillol. Le vent en tourbillons séchait la pluie fraîchement tombée. Des pigeons lents picoraient au bord des flaques ; le gloussement obscène gargarisait le renflement de leur gorge. Sous les bourrasques j'eus peine à traverser la Seine ; de grands pans de ciel clair s'abattaient dans la rue du Bac, entre les pierres lavées de pluie. J'entrai dans un café, le corps fléchissant, avec l'envie de m'abandonner un instant à la lourdeur bienfaisante. Se défaire, se recréer. Amour, se lover dans l'instant.

Et merveilleusement il fut là ; je le vis, j'eus la force de le voir, derrière la vitre sur le pont Royal comme s'il venait à ma rencontre. Un sourire incertain étirait sa bouche longue, il avançait le nez au vent, le col de sa chemise à l'ancienne ouvert à l'air frais du printemps. Son regard suivait, impertinent, les passantes qui lui plaisaient. Le pont enjambait l'eau glauque. Le pas de Léonard, plus appuyé au sommet du versant montant, épousait la cambrure de ces arches anciennes. À quelques pas devant lui, une adolescente progressait presque en danseuse, si haut montée en jambes que la pointe de sa tresse blonde lui fouettait les fesses. Emportées par le flux tumultueux les pierres, les verrières d'Orsay vacillaient. L'air gazeux grisait les choses et les gens.

Je regardais venir Léonard...

Entre nous le pont Royal et j'accours pour te rejoindre.

Sur ce pont où tu avances à grands pas, je voudrais te croiser sans qu'ait eu lieu notre rencontre, te croiser encore et toujours pour maintenir ouverte la perspective de l'amour, sans t'avoir maintenant perdu, ayant à charge de te chercher, te sachant perdu à jamais.

Bondir, s'essayer à bondir pour rejoindre le moment initial.

Nous ne nous croiserons jamais ; nous ne nous sommes jamais croisés sur ce pont où j'ai traversé avant toi. Et quand je crois voler à ta rencontre, j'oublie mes semelles de plomb.

Écrire, se maintenir dans le désespoir de l'absence.

Paris s'entrouvrait à la clarté jaillie de la pluie et le printemps dévalait les quais.

Encore, oui je voudrais
Crie l'enfant du dedans
Mais quelqu'un d'immobile et gourd
Amarré à un lot d'années
Ne bondit pas.

Ce fut comme une apparition et ce fut tout, sur le pont Royal.

*

Je m'étais éloignée du Palais, non du Président. Sous l'alternance, il avait dû composer. Comme elle fut vive, la tension du premier Conseil des ministres, et de ceux qui suivirent, vécus comme une humiliation.

Il revint souvent sur le sujet pour les proches, évoquant des séances glacées. Il était seul, cerné par un mur de défiance, d'hostilité.

Malgré tout, il installa pied à pied ses prérogatives, comme en exil sur son rocher, à l'Élysée. Puis, seul au soir dans le Palais, tel un conte ancien à la chandelle, il avait écrit sa Lettre aux Français. Que peut un homme ? L'apologue reste à écrire. À nouveau prétendant à la République, après un oui faiblement murmuré, il emporta la mariée. C'était lui encore.

Circulant au soir du 8 mai dans les jardins d'Amérique latine, je le revois s'approchant d'une table. Marguerite Duras s'était levée, exhaussant la tête qui semblait collée aux épaules, lui se pencha pour l'embrasser ; me revinrent alors les mots qu'il avait pour évoquer la beauté d'une jeune femme aux yeux étirés, venue d'Orient extrême, lors de leurs premières rencontres.

Quand je sortis sur le boulevard livré à la nuit, des bouts d'affiches lacérées volaient.

Réélection sans recommencement. Les illusions ont traversé le pont Royal, dissipées derrière Léonard. Ankyloses et défaillances, la jeunesse n'est plus native. La maladie mange le temps.

Ainsi qu'il l'avait toujours fait, le Président partait les fins de semaine. C'était chez lui un plaisir, un besoin aussi que ces courts voyages dans les provinces.

La France ne cessait de se composer en un puzzle où visages, paysages, combats se mêlaient, des amitiés aussi. Il en tirait ses intuitions, son savoir-faire, en permanent compagnon du Tour de France qu'il était.

Ceux qui l'ont approché savent combien dans les pires moments, le résultat de la moindre élection cantonale ravivait son attention. Les cantons, il les connaissait à l'unité, chaque élu et son opposant premier. Montsauche, jamais perdu, était l'étalon. Voué à la tradition, le Président était le premier d'une classe à l'ancienne où l'on avait à réciter la liste des départements, des chefs-lieux pour faire preuve.

En Normandie quand il venait, c'était une suite de sauts de puce. On allait de manoirs en châteaux, le terroir au ras des pâquerettes. La police se faisait discrète, l'hélicoptère se posait de guingois sur un pré, Grandcamp-Maisy, La Roque-Gageard où fut Guizot. Il voyait tout, les bibliothèques préservées, celle de Turgot encore à Lantheuil. Chacun lui parlait.

Les temps changeaient ; une lassitude partagée et bientôt, la maladie avérée. Au sortir de l'hôpital, dans les remous de la gerbe au Maréchal, se préparait un second voyage en Israël.

Je n'y étais jamais allée. Aucun legs paternel de ce côté. En 1947 retrouvant Rosette de la rue des Rosiers, me revint l'image tremblée d'un chandelier dans la nuit qui s'approche. Rien de familier, plutôt un exotisme de conte oriental qui m'avait marquée, enfant. À la maison, pas de chandelier, le thé doré circulait à longueur de journée dans le bruit continu des paroles.

Au King David à Jérusalem – j'étais parmi les quelques invités du voyage – de la fenêtre de la chambre donnant sur le mur des Lamentations, s'étendait dans toute sa beauté la nuit confite de froid en novembre, ses minarets et ses palmiers, et les étoiles épinglées sur la voûte.

Voyage bref, trop long pour lui, incapable qu'il était de résister aux joutes provoquées par tant de journalistes présents. Il s'y dépensa sans compter, malgré le médecin à ses côtés qui voulait sans cesse l'éloigner. Vaincre tout et toujours séduire, il le lui fallait pour survivre. Ce fut un succès d'éloquence.

Deux grands dîners ponctuaient la visite avant le départ au Néguev. Le second soir, à Tel-Aviv, Clément me fut présenté. Je l'avais déjà croisé, deux ans avant à Paris où il vivait la moitié du temps. Ses livres faisaient référence, parmi les premiers, il avait su faire entendre l'horreur de millions de morts, ce silence au cœur de l'Europe. Une catastrophe que semblait incarner en sa personne une sorte de massivité. Dans sa façon d'être il impressionnait.

Nous nous reverrions à Paris, assura-t-il. Je ne savais alors de quel prix étaient ses promesses. Il me donnerait un dernier livre traduit à paraître. Je le reçus en effet par la poste, quelques mois après, expédié de Paris, et bientôt l'auteur en personne m'appela pour m'inviter à déjeuner chez lui très simplement, il aimait cuisiner.

Saurais-je exprimer en sa présence ce que ses livres m'avaient apporté ? L'enjeu m'en semblait considérable, j'étais remplie d'inquiétude. La peur d'être insuffisante. Le face à face ne tient jamais les promesses de la lecture.

Il avait témoigné pour un peuple, celui des Juifs morts à travers l'Europe. Et des miens, allait-il m'approcher, que leur visage se lève tremblant dans la poussière du temps ? J'espérais sans savoir quoi. Que sous son visage buriné, massif, se dressent les figures oubliées et tremblantes.

La réalité de la rencontre : entre désirs et illusions, où trouver la vérité ? La quête est un long égarement souvent.

Clément et moi… perdue dans ses dérobades, ses faux-fuyants. À vous je ne mentirai jamais, disait-il. Bientôt je crois, il ne fit que cela. Toujours la hâte pour l'échange, pour le plaisir. Entre deux portes. Mille tâches pesaient sur lui, des rendez-vous pour lesquels il sacrifiait tout.

Qu'avons-nous vécu ? Des instants dispersés sur quelques mois ou peu d'années, qu'importe, seule ma folie leur a donné continuité. Je ne garde aucun souvenir d'un moment où le présent, le pur présent, nous ait éclairés.

Pourtant la vérité simple il me l'a dite, dès notre première rencontre en tête à tête, après le déjeuner qu'il m'avait lui-même préparé. Une seule phrase, sa déclaration. Je l'entendis, je l'entends encore. Une vie pleine à craquer. Aucune place pour vous. Entendons-nous bien, je ne vous aime pas.

Comment aurais-je pu l'entendre ? Ma destinée s'interposait. Elle m'avait conduite jusqu'ici, face à lui ; de chaque côté de la table étroite nos fronts pouvaient se toucher. Ma part dans la tragédie il s'en était aussi chargé. Elle était lui. Nous ne devions plus nous quitter. L'élection ! Ma quête touchait à son terme, il allait délivrer les présences enfermées.

Ma destinée… Avant ma naissance – mon père militant, fraîchement débarqué en France, prit-il part aux combats de la République espagnole ? – l'ampoule de Guernica ramenait sous la lumière des chambres d'enregistrement, de torture, les tourments d'un monde au plus loin du mythe. Au sommet central du tableau, l'ampoule pend, elle aveugle… moyens de vous faire parler, imposture, aveuglement. *Membra disjecta*, un temps boucher pour le troupeau. Quartiers pour sacrifices vains, la fumée noire monte vers le ciel vide. Au long du siècle l'archéologie des charniers.

La destinée, un long débat, pour justifier les épreuves subies, les paradoxes de la vie. On y croyait encore à l'Armistice. Portée par son vaste empire, la France s'était redressée, actualités cocorico. Dans les bals à Aurion, les couples tournaient sur l'air et les paroles de la chanson :

Elle est belle, elle est mignonne,
ma Tonkiki, ma Tonkinoise.

Exotisme de bon aloi, la République requinquée, sur ses lauriers. Dix ans après, il fallut tout larguer, Tonkin, Annam et Cochinchine.

Mais avec quelle gaieté l'on dansait à l'Armistice ! Et du haut du balcon où était la buvette, salle des fêtes, l'enfant contemplait. Les grandes ailes des robes volaient, à ses côtés Scarlett O'Hara veillait, et l'enfant rêvait d'autres bals, les vrais. J'en ai connu de plus selects, bien après en suivant le Président en Amérique, Nancy au bras de Reagan ouvrait le bal à la Maison-Blanche. Une robe blanche drapée à ruches la moulait comme dans un film de Grace Kelly ; un couple si évidemment sous le charme de la situation, à la Maison-Blanche, qu'on pouvait croire qu'ils la jouaient…

Mais après ces terribles décennies, un destin, qui pourrait ? Des bouts, des bribes qui partent de tous côtés. Même pas une histoire, on n'arrive pas à se raconter, se recoudre.

Avec ses commentaires ironiques, Clément me fermait la bouche. Et de lui j'ai reçu ce bienfait… ma destinée écrabouillée.

La voix de Clément en mai. Que disait-il ?

Rebuffades, dénégations, peu importait. Un autre dialogue courait. J'écoutais la voix sous les mots.

Il parlait d'une voix sourde, étouffée. Venue de quelle profondeur ? De partout et de nulle part, du plus intime.

Voix infiniment lointaine, familière d'emblée.

Voix singulière, qui exprimait exactement l'homme assis face à moi à la table. Vraie pierre de touche de sa personne, la voix dont il était le porteur, étrangement, semblait aussi n'appartenir à personne.

Une sorte de neutralité, comme si le réel s'énonçait à travers elle, à supposer qu'on pût concevoir une voix de la troisième personne capable de se parler elle-même.

Je l'entendis toute proche, venue d'abîmes, voguant à pleines voiles, la voix bien-aimée. À travers l'océan de la nuit.

Un reflet fuyant… sur la masse mouvante du temps. Trace de quoi ? Souvenir ou fantasme ?

La scène enfin.

L'écoute enchantée, c'est tout le secret qu'il faudrait à nouveau retrouver. Je m'y suis tant et tant essayée, mais la mémoire se dérobe à l'effort, on n'entre pas par effraction dans la chambre noire.

En percer le secret, comment? La scène a-t-elle jamais existé?

Oui, je me revois, je veux me revoir, tendue vers le chant du père. Réalité ou fiction, qu'importe, je dois retourner.

Les paroles, j'en suis assurée, me furent dites. Mais la voix, la voix bien-aimée, comment à nouveau l'entendre?

Sorcellerie, sacrifices, je donnerais tout pour que les mots prononcés s'offrent encore dans tout l'éclat de la voix qui les porta jusqu'à moi. Que je les entende enfin dites, les paroles, comme elles le furent à l'enfant d'autrefois, au moins une fois, une seule.

De la voix claire de mon père ne restent que des étincelles. Un rire qui vole en éclats et retombe autour de ma tête.

Écho prolongé, impossible à capter, d'un serment échangé avec gravité. Ô jubilation, l'écho se poursuit.

Un serment échangé dans la plus extrême gravité, une promesse d'avenir.

Après la guerre, à la radio, la chanson ébranlait des ondes profondes. On ne sait quoi, mais l'émotion saisit à la gorge. *De profundis* – non, pas encore – un vécu oublié ne veut pas ainsi disparaître et réclame un peu de survie. Oui, un sursis. Souviens-toi.

On ne la chante plus aujourd'hui, la chanson est passée de mode. En moi aussi le passé se perd. Visages, sons, les moindres traces, le temps absorbe comme un buvard. Les élans du cœur s'atténuent, s'épuisent, aucun espoir de revenir simplement rôder alentour, dans le trésor de la mémoire.

Il chante pour moi, il a chanté, j'en suis sûre. Les paroles m'émeuvent encore, mais privation, éternelle privation, elles s'activent ses lèvres muettes sans qu'aucune sonorité n'en sorte. Seules les paroles sont restées ; j'ai beau fouiller, les paroles mais pas la modulation de la voix.

Une autre a volé la voix. Je poursuis l'écho, il s'est caché sous les accents de Rina Ketty, les *é* pincés et les *r* roulés. Oblitéré de cet accent singulier.

Il a chanté. Larmes, émois, encore aujourd'hui mon corps profond me le dit. J'étais captive, toute projetée en lui.

À la lumière du jour, ou dans l'obscurité de la nuit peut-être, ce ravissement :

J'attendrai
Le jour et la nuit
J'attendrai toujours
Ton retour.

Il dit *je* et je comprends *tu*.

La chanson agit comme un charme sur nos destins entrelacés, sans fil d'épée pour les séparer.

Oui, j'attendrai toujours.

Plus que l'espérance, la certitude du retour. Il me séduit, me fixe à jamais. Le temps s'arrête au chambranle de cette porte, son exigence et sa promesse. Que je vive au-delà de l'absence, il m'impose son désir de père. Vœu dicté que je reprends de ses lèvres mêmes. Je le prononce dans l'hypnose, il va m'engager à jamais.

Vis et attends toujours, protégée de l'amour qui nous lie. Je reviendrai, je te le promets.

Le chant exhausse. Élévation par-delà les blessures, le massacre, là-bas sur le parvis, à la sortie de l'école. L'enfant refuse la négation, en nie l'existence, armée de certitude candide.

Au-delà des assauts meurtriers, le chant me porte. Que valent les événements, poussières emportées au moindre vent, anecdotes ? La vraie vie est ailleurs, dans l'interminable capacité d'attente, le don du père.

Folie souterraine, acharnée, dont nul ne peut m'exonérer. Au regard, que sont les mensonges, les trahisons, tous les rejets d'amour ? Aucun démenti.

Dans la cuisine, suspendue aux lèvres de l'hôte, j'écoutais ma vraie vie qui venait à ma rencontre, des profondeurs où elle s'était abîmée.

Sa voix.

Merveille de la voix, la musique mise à la parole. Sans besoin de mots pour les dire, combien d'idylles dans l'échange des voix ? Entremêlements, captations, caresses, vies de jadis ou de jamais qui affleurent là.

Amour à distance, s'entrelacer et non se prendre, nageant de concert dans l'utopie cachée de nos vies.

— J'aime votre voix, disait-il, elle m'émeut.

Nous aurions dû en rester là, à l'accord musical qui nous captiva, courbes d'émotions, sismographie mélodique. Au lieu de quoi il y eut le massacre.

Merveille de la voix, une étrangeté de soi. On ne s'entend pas, c'est un privilège de l'autre, d'où le malaise causé par des enregistrements qui nous semblent étrangers. Qui parle là ? Ce n'est pas moi. On n'y retrouve pas le reflet de soi.

La voix ? Un instrument à deux entrées, lèvres de l'un, oreille de l'autre pour transformer le souffle en musique. Comme des caresses s'échangeant dans les airs, histoires de souffle, le bouche à oreille, c'est bien cela, mieux que le bouche à bouche.

— Votre voix, elle m'émeut, disait-il, appelant quand il avait besoin de l'entendre. On ne savait trop pourquoi.

Entre nous, un accord fugitif et fort, dès la table du déjeuner, puis de part et d'autre des mers, à travers séparations et rejets.

Comment un appel venu d'arrière-pays, rêvés, perdus, jamais vécus... un pas attendu qui s'approche, une porte crissante libère la lumière d'été.

Intimité à notre insu. Mais il n'avait jamais le temps d'écouter, face aux urgences, les articles, les interviews, tant d'efforts pour maintenir un statut de célébrité. Cette scène-là le détournait, ma vie entière est un enfer, disait-il, mais il y donnait les deux mains plutôt qu'une.

Sa voix s'élevait, m'entraînant où je n'avais pu aller, chant des sirènes et les souvenirs s'approchaient, sans visage, sans forme même sur les ondes portées par sa voix.

Comme la musique, la voix conduit au-delà, je buvais celle qui me gardait prisonnière. Et si j'en venais à penser ne plus devoir l'entendre jamais, ma vie chutait au bout de l'instant. Un vide béant.

Et lui ombrageux, enveloppé de nuées dans les multiples plis de sa vie, hors d'atteinte dans son Olympe, je ne savais pas où le joindre.

J'attendais, j'attendis toujours, au restaurant, au coin d'un boulevard, devant sa porte. Répétitions bientôt sans surprise, que je voudrais, y repensant, expédier d'un trait de plume, comme une claque sans retour. Mais je ne sus agir ainsi malgré les faits et des retards pharaoniques à tous les rendez-vous fixés.

Ainsi du Sphinx de l'Élysée, depuis toujours. Jamais de montre à son poignet, recours aux horloges parlantes disposées à portée, faisant fi du temps mesuré. Mais lui se libérait pour être pleinement au présent, y réussit avec un talent singulier, se posant dans les nids d'instant qu'il créait là où il était, disponible, totalement adonné. À l'Élysée, au grand bureau bleu dans le décor chamarré, si vous étiez en conversation, le téléphone se mettait à sonner, quelques mots, il écoutait posément, raccrochait et d'une imperceptible mention, refermait la parenthèse – le Premier ministre disait-il – reprenant le dialogue sans le moindre interstice, à la seconde près, le ton, le registre, l'éclat du regard, rien n'avait bougé.

J'attendais, je passais le plus clair de mon temps à attendre, des minutes, des quarts d'heure, parfois des heures, interdite. Ses appels répétés étaient autant d'injonctions à rester. À la fin pourtant c'était vrai, il arrivait ou plutôt déboulait hors de lui. Tout s'était enchaîné, téléphones, contretemps, demandes, on le pressait de tous côtés, sa journée avait été un enfer, et pour finir les flics l'avait arrêté pour excès.

Une tornade de véhémence, vous étiez là pour écoper, n'aspirant qu'à un peu de paix, les reproches étaient hors de mise. D'ailleurs vous ne pensez qu'à vous, disait-il pour conclure, et parfois j'en venais à le croire.

Tant de fois l'attente… Comment ai-je pu?

Reports, injonctions, atermoiements au-delà du crédible, le peu de temps dont nous disposions y passait.

Sa voix, comme un alcool.

— Entendons-nous bien, je ne vous aime pas. Sa première déclaration, elle ne me fit ni chaud ni froid. Comment douter? Le soupçon ne m'effleura pas, c'était écrit. Il parlait et les portes s'ouvraient, nous étions destinés, entre nous : exclusivité.

Combien de temps il m'a fallu pour comprendre, et plus encore pour accepter!

— Ma vie est pleine à craquer, disait-il, face à moi à la table. L'éclat des yeux le démentait. Une vie trop chargée, entre deux mondes, intermittences de sa présence, des histoires de chaque côté de la Méditerranée, à ce que je crus comprendre, il n'abordait que par allusions le chapitre.

J'écoutais avec détachement : À vous je ne mentirai jamais.

Entre nous : exclusivité. Pourtant j'avais confondu. Les mots employés signifiaient exactement sa pensée. Il fallait entendre exclusion, comme il le déclarait. Mais dans l'amour, on comprend souvent à côté.

*

Il parlait, un chant s'élevait… Je n'entendais ni dénégations ni prudences, pas les mots discordants. Je ne vous aime pas. Il voulait s'exonérer dès l'entrée, peut-on le faire ? La voix m'entraînait, et sur ses lèvres, les portes s'ouvraient.

Ondes tremblantes au fond d'un puits, le murmure d'ombres incertaines frémit. Parle encore et donne vie, notre visage rends-le-nous. Après les mots étouffés de la femme sombre venue m'emporter, voix étrangère, là-bas, à la sortie de l'école. Parents partis, voyage impensable. Glaciation. Langue morte.

Sorti d'une longue paralysie, un monde s'émeut dans sa voix, un monde enfant, il ne parle pas et doit apprendre son b.a.ba, un monde *infans*, jamais dit, jamais pensé. Privé de mots, privé de récits jamais hérités de proches. Il n'y eut pas le retour au pays d'en deçà – qui aurait pu en donner le pouvoir ? Comment revenir au point où tout s'était englouti, la seconde qui sépare présence et disparition, cet instant même, jusqu'aux traces des sensations enfouies, jusqu'aux sillons de l'aise, de la privation.

Immense cartographie du manque, fabuleux réseau réticulé où sont cryptées des milliers de légendes. Pas l'épiderme, pas ces empreintes-là, de surface, mais au-dedans, descente dans la caverne d'ombre aux parois de muqueuses, là où l'intime est déposé.

Une écriture du dedans, comment l'éveiller ? Livre viscéral à explorer, une peau retournée. L'image me restait de l'enfance, les jours où j'assistais fascinée au massacre d'un des lapins de l'élevage.

Après un coup sec appliqué sur la nuque, une fois la fourrure des pattes arrière dégagée, il fallait tirer d'un coup pour extirper l'ensemble de la dépouille. En un instant, le lapin couinant devenait un écorché, une anatomie. Mais la peau, la peau retournée, souple et tendre, parcourue du réseau veineux continuait à palpiter, comme vivante.

Peau palpitante, retournée au vif, c'est ainsi que je me sentais, exposée, vulnérable.

Sa voix… le territoire, c'était là, mes vraies empreintes signalétiques. Un lien viscéral. Pays d'enfance, de ronde-bosse. Reliefs de la sensation, gonflements, respirations ; les fruits s'offrent, des mots à toucher. Il fallait lire à son corps défendant, à la pointe du sexe.

Carte du Tendre par-dessus le massacre, chemins précaires et cruauté pour faire retour.

— Je ne vous aime pas.

Il ne voulait pas se charger de l'enfant qui criait aide sans qu'il l'entende, et cela, il l'affirma dès l'entrée.

Je voulais tout. Pourquoi de lui, inconstant au dernier degré, inattentif sauf des fulgurances d'instant, l'esprit ailleurs, toujours détourné ?

Pourquoi ? La question n'a pas de réponse. Vaut-elle même d'être posée ? Il fut choisi, c'était lui, pour le retour à la caverne, sans raison, sans image, suivant les ondes sonores.

Clément ne voulait pas se charger. Il avait peur du besoin nutritif d'être aimé, de la panique de nouveau-né dans l'absence. Mais le désespoir glacé sur le parvis de l'école lui parlait d'emblée, c'était un monde qu'il avait exploré.

Éros profond de la mémoire à la source de nos paroles. Élans inassouvis, vitalité assoiffée, aphasique.

Et en moi, le bloc de la mémoire assoupie où manquent les circonvolutions.

Dans le vide d'un après-midi, rendez-vous ajournés, le murmure apaisé de la ville s'éloigne, la lumière va décliner, tout est écarté.

Loin, si loin du temps distillé, vie d'angoisse, vie de bureaucrate, l'asphyxie des couloirs moquettés, portes closes.

La plongée.

Pays d'enfance retrouvé.

Mythologies sur un canapé. Promesses illimitées, la démesure des amours enfantines.

Merveilleux suspens, tout est ajourné, le pouvoir, l'interdit, par la baie vitrée les nuages, la rumeur assourdie de la rue, flottant entre ciel et mer. Labyrinthe versatile où se perdre, où le désir renaît de soi, sans cesse changeant, sans cesse identique. Des figures tournoient dans l'étreinte, l'aïeul exigeant, archaïque et prêt à sacrifier l'enfant, la hache sur la tapisserie gris souris prête à s'abattre, dans l'odeur d'encens d'autrefois. Mais aussi le frère tendre et complice, véritablement accouplé, épousant en l'autre sa propre féminité.

Des ères dans des instants. Trois cents ans, une heure l'après-midi, un instant.

Une déambulation fantastique, suite de métamorphoses. On échappe à soi, à l'exiguïté du temps.

Puis la disparition, des mois durant, troués d'absence, les mers entre nous. J'attendais le signe promis. Posé sur l'oreiller, le téléphone n'avait pas sonné de la nuit.

Il se dérobait, hors d'atteinte. Présence et disparition, c'est son mode. Pourquoi vouloir en faire une histoire ?

Un dieu peut-il être toujours présent ?

Ariane abandonnée à Naxos, dans l'île massive et terrienne qui est plus une citadelle d'enfermement qu'un rivage ouvert à l'horizon marin. Sauf le portique géant, dressé seul sur le promontoire comme une interpellation absurde.

La nuit tombait en août, rose sur les bords du golfe. C'est le moment où la mélancolie des séparations étreint, partout diffuse dans le consentement silencieux du monde qui s'abandonne. Ariane a vu disparaître la voile au loin. Elle pleure sur les bords, la petite campagnarde. Inutile de pleurer le héros, puis le dieu bientôt. Un dieu peut-il être toujours présent ? Elle a tenté de briser le cercle des fatalités – une mère machine à plaisir, machine à tromper le taureau – mais elle s'y retrouve toujours enfermée. Rapt et disparition. Elle voit surgir sur l'horizon les hommes de son salut, croit-elle, ils lui apportent la perdition.

Pourquoi ai-je pris le pli d'aimer le même homme à jamais ?

Tout au bord de mon promontoire à Paris je m'étais crue entrée dans le temple, c'était un éboulis, une ruine. Quand le soir les golfes du ciel virent au rose, guettant les signes, un appel, une silhouette, la sonnerie…

Que faisait-il, où à cette heure ? Tant de barrières à franchir jusqu'à lui, répondeurs, décalages horaires, son rythme propre semblable à nul autre, les insomnies.

Amours portés par l'écume, hommes flottant sur le fil du temps, venus de loin. Familiers, perdus. Et pourtant la pulsation d'un cœur d'enfant, toujours. Brutalement renvoyée à la terre, mordant la poussière, la petite campagnarde sur son île qui sent la vache.

Hors d'atteinte.

Au terme d'essais répétés pour le joindre, la panique montait crescendo, en accéléré, et quand enfin je parvenais jusqu'à lui, rappelez plus tard, je suis surmené, je ne peux répondre, je pars, je suis en retard.

La vie est devenue boiteuse, la forge n'y suffit plus.

Sortant de l'école, l'enfant, le regard baissé, lève son visage pour le désastre de renaître.

Dans quel vide il fallut plonger ! Noir impénétré, que fut le temps écoulé entre la main qui empoigne et emporte jusqu'à la paume tremblante de l'artisan à Montparnasse ?

Au premier venu, mendier l'amour, cherchant comment exister, une vie, quelle vie peut-on inventer dans le labyrinthe ? Figures surgies et déformées, condamnées à demeurer des reflets.

Dans le labyrinthe, le tissu miroitant des recommencements, Léonard porté par la vague jusqu'au bord de mes paupières, Clément éveillant les échos, des hommes flottant sur le fil du temps.

Monotonie de la récurrence, de décennie en décennie sur l'échelle des ans. Pourquoi suis-je condamnée à aimer toujours le même homme, qui me trahit ou disparaît ?

— Vous n'avez plus vingt ans, disait-il. Le temps fait-il quelque chose à l'affaire ? L'utopie persévère, long égarement sur la ligne du temps.

Ma vie, ses extravagances. Une égarée en permanence, disait Clément, à contretemps partout où vous êtes. Ne l'était-il pas lui, autrement ?

Sa voix m'emportait, pieds et poings liés. Pas d'accord entre paroles et musique, mais dans sa voix, la dénégation du malheur. J'étais portée par le chant pervers qui vous perd.

Sensualité de la musique, serment plus fort que tout contrat, dans la douceur de la voix.

— Votre voix, elle vous trahit, disait-il, vous êtes à nu dès que vous ouvrez la bouche.

Mais il ne connaissait rien à la musique, l'oraison, oui, c'était son talent singulier.

J'acceptais tout pour qu'elle persiste, la voix, et que la porte entrebâillée ne se ferme pas.

*

Combien de fois l'attente, la même scène encore et encore...

Statue de sel, j'étais plantée là, par une bizarre fantaisie du sort à me cogner le nez sur une porte, dans le silence de la cage d'escalier.

Livrée à la nuit, au rythme de la minuterie. Goutte à goutte, le temps s'égrène. La porte va-t-elle s'ouvrir ? J'y suis figée, prête à fondre, m'employant à forger une armure de résistance. Quelle sera cette fois l'humeur du gardien de la porte ? Renfrogné, las ou par exception apaisé, quel sera son visage ? J'attends le verdict. Élection, châtiment.

Le cœur cogne dans le silence et le tintement de la sonnette a déchiré l'épaisseur feutrée, puis a filé, peu à peu absorbé, dans la spirale de l'escalier où je me perds de reflet en reflet.

Debout encore et désormais face à la longue porte vitrée, à l'arrivée venant de la gare, l'enfant muette voulait sourire quand tomba la condamnation. Non.

Ouvrez-moi, ne me laissez pas me défaire, sur le palier. Pouvait-il entendre cela ? Non.

Voix cassée, regard noir, porte fermée, le scénario de la catastrophe n'en finit pas de se rejouer.

J'avais mal choisi le gardien, Cerbère plus souvent que passeur, sévère, sourcilleux, ouvrant la porte avec retard, parcimonie, malgré des rendez-vous fixés à l'heure dite, quasiment à la minute.

La porte s'entrebâillait, tout était-il comme il fallait ? Il vérifiait, l'air, l'allure, le sourire, elle mendiait l'approbation, enfant continuée qui veut toujours se faire pardonner.

Dure loi de mériter l'amour. Loi inique. De quoi étaient-ils donc faits, les autres, mes compagnons de jeux, voisins de la gare, si assurés de leur existence, avec leur lot de parents, de biens, d'insolence ?

Pour elle, comme un pari répété, la vie aux dés, perdue, sauvée.

Un long tremblement qui des mois durant n'a cessé de me saisir, notre histoire pourrait s'y réduire, permanent tremblement devant sa porte.

Lui ne voulait vraiment ni m'ouvrir et m'accueillir, ni non plus me laisser filer. C'était à prendre ou à laisser. Entre deux portes.

Quand la porte s'ouvrit enfin ce soir-là, il me parla d'un nouveau projet en Pologne, il y partait. Une autre façon d'aborder les thèmes dont il avait traité, le long abandon des Juifs serait son prochain livre. Il retournait sur les lieux après des années.

Serait-il mon messager à Auschwitz ? Que lui confier ? Aurais-je un jour la force d'aller ?

Je lui remis le lendemain un papier plié, j'avais inscrit la date des convois :

11 novembre 1942,

11 février 1943,

leurs deux convois, séparés, de part et d'autre d'un rude hiver, le plus rude de la planète.

C'était là mon livret de famille, incertitudes sur l'orthographe de leurs noms, dates tronquées des naissances, points de suspension… Elle avait trente-quatre ans, lui allait en avoir trente-neuf. Je souhaitais qu'il dépose le billet dans l'immense plaine de Birkenau, bien recouvert pour qu'il subsiste.

Paroles de papier pour réchauffer les pierres et les morts, comme à Prague au vieux cimetière. Un geste tendre, un bout de papier, que peut-on de plus là où plus rien n'est ce qu'il est, pas même la mort ?

Dès son retour, il m'appela. Que je vienne le soir même, il me dirait comment il avait accompli l'office dont je l'avais chargé.

Mon billet, il l'avait déposé entre les pierres, plutôt enfoui pour qu'il demeure quand la nuit tombait au fond de l'espace sur l'étendue indécise.

Sa voix s'élevait, grave, faisant entendre la perte toujours refusée dont j'avais à me pénétrer. C'était la nécessité qui parlait avec une douceur profonde.

Un nouveau récit des Ténèbres, l'officiant disait la nuit de novembre tombant sur l'immense étendue. Un geste tendre pour les coucher en leur lit de pierre, au chaos des crématoires effondrés près du lac de cendres, Jacques et Fanny, Icek et Fagja… *les fils d'Israël, Ruben, Simon, Levi, Juda, Issachar et Zabulon, Dan, Joseph et Benjamin, Nephtali*, convois venus de Varsovie, Paris, Budapest.

Dès cinq heures de l'après-midi, une nuit blanche après le jour gris. Quand il s'était incliné sur les pierres, au fond de l'espace, le ciel blême s'accrochait aux ramures hérissées. Là où il y eut un bois de bouleaux.

Dans la plaine muette et sombre je voyais son geste tendre pour les coucher dans leur lit de pierre, avec un bout de papier plié en guise de stèle. Au mémorial de leur histoire, la date du convoi pour naissance :

11 novembre 1942 convoi n° 45

11 février 1943 convoi n° 47

Sur leurs vies, incertitudes et lacunes, points de suspension…

Monstrueuse inversion des généalogies et des vies. L'étreinte de sa voix m'approchait d'eux, portant à la fois leur présence en moi et leur perte. Je suivais, sous la dictée de nécessité la voix qui me conduisait là, cinquante ans après, au chaos des crématoires effondrés, près du lac de cendres.

J'avais apporté la chemise de carton bleu pâli, décoloré, qui me fut longtemps interdite. Quand l'artisan me la remit, à l'âge fixé pour la majorité, je ne pouvais même simplement y songer. Entre mes livres, dans la masse des papiers, j'oubliais où j'avais rangé le dossier, comme un trésor trop bien caché et qu'on finit par égarer.

Avec obstination, je m'étais détournée, m'inventant une vie et pourtant, entre présence et oubli, il avait pesé sur chaque pensée.

Sur la table de bois ciré, je sortis le mince dossier, dépositaire de mes archives, les vraies. Ni les diplômes accumulés, les missions, les états de service, mais quelques feuillets roussis aux bords déchiquetés bien qu'ils n'aient guère été consultés.

L'artisan avait écrit à la plume mon prénom sur la couverture et la mention : *À ne se dessaisir en aucun cas*, paraphant d'un trait décisif l'interdit.

Un mince dossier, bible de feu, quelques feuillets hétéroclites, pages piquetées, roussies, dix lettres en tout venues de Beaune-la-Rolande à partir du 26 novembre, jusqu'à la dernière carte, au crayon, de Drancy.

Pas de papier de correspondance mais des feuilles arrachées aux cahiers d'écolier. Sur les pages aux marges pleines, l'écriture court d'un trait, se relance sur les exclamations.

Deux mois et plus de vie au camp, s'y installer, les demandes pour aménager la précarité, un bleu de travail, les nourritures autorisées : *des fruits, des confitures faites à la maison, gâteaux également faits à la maison… pommes de terre cuites à l'eau ou au four… vous pouvez envoyer tous les fruits, volailles, poulets, lapins cuits, oies, dindes.*

La lettre du 5 décembre, la seconde à destination d'Aurion, a échappé au marquage violet. Comme il l'explique, leur correspondance peut désormais déjouer la censure grâce au réseau de complicités noué *par l'intermédiaire de la femme d'un camarade interné. Comme elle habite pas loin du camp, et aryenne elle vient le voir presque chaque dimanche. De la façon que nous procédons vous n'avez rien à craindre car vous ne figurez pas comme correspondant.*

La nouvelle passionnément attendue lui est enfin parvenue le 21 décembre. Nativité. Pleurs et gratitude infinie.

Chers, très chers amis !

Où trouver les mots qui conviennent pour exprimer les sentiments qui nous animent à cette heure tragique…

Enfin ! une lueur, un éclair dans la nuit noire au milieu de laquelle je me débattais désespérément, perdu, éperdu, ayant perdu tout espoir !…

Enfermé !!! Dans cette enceinte entourée de fil barbelé, où gémit la souffrance, et où on patauge dans les drames, et où on heurte à chaque pas une tragédie plus grande et plus douloureuse que la nôtre !

Je promène dans ma nostalgie et les regrets le rayon de soleil qui réchauffe mon cœur transi en murmurant à tous les échos : ma fille est sauvée !!! sauvée et en sécurité !!!

Et c'est à vous que je le dois !!!

Que de gratitude !

Dès cet instant j'ai contracté envers vous une de ces dettes qui ne s'acquittent – dit un de mes amis – qu'avec du sang !!

À partir d'aujourd'hui mes amis ma vie vous appartient et je n'aurais pas assez de jours ni assez de nuits pour vous payer ma dette de reconnaissance !

En quelques lettres, la chronique des jours ordinaires, attente toujours, les nouvelles, les nourritures. Si rien ne vient, c'est le reflux.

3 janvier. *Je n'ai rien reçu de vous depuis votre 1re lettre qui m'avait tant ému !*

Que faites-vous et comment allez-vous ?

Chez moi ! C'est toujours le même état d'âme !

C'est triste, monotone, et la nostalgie étreint le cœur dans un étau d'où l'on sort brisé !

L'âme est en peine, le cœur continue de souffrir.

Qu'il fasse beau, qu'il fasse froid, qu'il pleuve ou qu'il vente pour moi c'est tout un. Mon regard est tourné, suspendu vers le lointain là… où… mon enfant… s'ébat… et pense peut-être à sa mère absente… à son père aussi…

Et ce jour de l'an qui vient de traverser ma vie laissera un terrible souvenir dans mon âme ulcérée et peuplée de tristes souvenirs où se mêlaient les scènes du temps passé !…

Arrêtons là… D'autres jours probablement viendront encore accabler notre sort ; aussi il convient de ne pas se laisser trop attendrir ! Il ne faut pas oublier que la lutte reste notre seule chance de sortir peut-être d'une situation terrible et tragique presqu'unique dans l'histoire.

La dernière carte du 10 février, je ne l'avais pas apportée. Elle ne sort jamais.

Clément lisait à haute voix, et les mots, il me semblait pour la première fois les entendre dans leur vérité. J'écoutais, ce n'était plus la légende noire qui avait fondé ma vie, un mystère dont il ne fallait surtout pas s'approcher. Cela je l'avais toujours su, là était tout le prix de ma vie. Mais en ce soir d'hiver, un homme sous les pires contraintes, dans l'angoisse et la faim, disait le désespoir, la solidarité, la lutte. Témoignages d'une vie belle, altière comme il y en eut dans la pire misère.

Cette vie de reclus, d'isolés, pour ne pas dire de « maudits » que nous vivons n'offre aucune autre ressource à l'âme et au cœur surtout.

Aucun autre plaisir ne peut compenser la perte qu'a subie tout notre être depuis ce jour fatal où d'un seul coup, d'un seul jet, nous fûmes pour ainsi dire rayés du nombre des humains !!

Quand un convoi part vers une Destination toujours Inconnue, le chef de camp, comptable et responsable de notre présence, reçoit quand il se sépare de nous, cette mention : Reçu 1 000 Juifs et un lot de pièces d'Identité !

Comprenez-vous chers amis l'horreur de cette pensée !! Nous ne sommes plus ni un nom, ni un prénom ; nous sommes un lot, un troupeau, qu'on mènera Dieu seul le sait – peut-être vers l'Abattoir ! Voilà pourquoi on nous compte chaque jour matin et soir, pire que du Cheptel !!!

Cinquante ans après, la voix s'élevait dans la cuisine familière, en ce soir d'automne, des paroles de lutte, de désespoir, les figures du père se levaient, le militant, le prisonnier réduit à merci, l'ami, toutes forces conjuguées, parfois fléchies dans la tourmente.

Il lisait sans un frémissement de la voix, sur un ton neutre, exempt d'émotion qui fût venue de lui, lecteur. Les phrases s'enchaînaient sur une ligne tenue, sans tremblement, et chaque mot appelait le concret de la situation.

Il lisait, comme seul il savait le faire, détachant chaque atome de sorte qu'on entendait les faits parler et pas la médiation d'un lecteur.

Hors de compassion. Comment se ranger aux côtés des naufragés ? Qui pourrait le faire ? Obscénité. Ce n'était pas la voix du père, c'étaient ses mots, l'horreur des faits, mon histoire – massacre et abolition.

En larmes, je tombais à genoux. Que cela ne soit pas ! Que cela ne fût pas !

Éloignement, décélération des âges et du temps, en de rares moments – une fois ou peut-être jamais – le désespoir, par-delà les données de nos vies, s'élève jusqu'à transcender les temps, les espaces. On échappe à soi dans la distance soudain prise où l'expérience de chacun est transfigurée – habitée serait plus juste – habitée par l'universel au plus secret d'elle-même. Et je fus ce soir-là la suppliante d'un vœu sans objet.

Femmes de Troie la fastueuse, arrachées à leur guerrier, à leur palais d'or. Hector traîné dans la poussière. Chaque femme, souveraine d'avoir appartenu au royaume. Troie effondrée, englouti le shtetl chaleureux sous la neige, au cœur d'Europe depuis des siècles, les objets, les itinéraires, la flamme des yeux, le trésor des complicités et des rires, jeunesse de Tarnow parlant le soir contre la grille du cimetière, maintenant au musée de l'Holocauste. Tant de photos de femmes mortes étoilent les murs d'Europe. Les survivantes menant au-delà des mers, des frontières, une vie erratique, étrangère. La veuve auprès d'un tombeau vide, en extase, courbée. L'orpheline. Damnation d'une tombe jamais creusée.

Devant ces débris mutilés, gisant épars sans que jamais la vie puisse être refondue, le désespoir de l'impuissance me saisit toute. Qu'il est fort, l'appel à se réunifier ! Et j'enserrais en suppliante les genoux de qui était là, pour fléchir la nécessité.

Devant la porte scellée du passé.

Soustrait d'un coup, tout. Un monde basculé au musée, du moins ce qu'il en restait… la grille du cimetière de Tarnow, exposée à Washington.

— Ah oui, la grille du cimetière, m'avait dit Hannah sans ciller, lors d'un voyage à Montréal. Nous nous retrouvions là entre amis les soirs d'été… quand j'ai été jeune, parlant d'un ton décoloré, sans faire passer la moindre vivacité dans les mots qu'elle semblait tirer d'un invisible registre, comme des traces consignées, étrangères.

La jeune fille, le dos appuyé à la grille, chuchotements d'été, dans la nuit les yeux brillent, je n'avais pu depuis notre rencontre, je ne pus jamais la voir ainsi, jeune fille. Elle était la colère incarnée et concentrait dans son visage, dans ses gestes, tous les rejets qui lui avaient permis de survivre, crachant l'hostilité qui l'atteignait, pour la retourner. Je me souvenais de lambeaux du récit chuchoté, la première fois dans la cuisine… à Tarnow déjà l'enfer, dans le ghetto fermé à partir de juin 1942, la faim, la gorge asséchée par l'été venteux de Pologne, les morts, les séparations ;

premier transport jusqu'à Plashow près de Cracovie pour le travail du charbon, la nuit aussi. Les baraques avaient été construites sur un cimetière juif. La mort s'efface par les morts. Puis Auschwitz.

Inexorable là-bas encore, Hannah refusa les rares distributions de chevaux crevés quand il y en eut. Ce respect m'a sauvée disait-elle, en m'apprenant à manier les couverts, la machine à laver, de manière orthodoxe pour ne rien souiller, dans la cuisine à Montréal, l'année de l'Expo.

Des fragments, dates erratiques, un temps défait ; j'essayais d'y mettre une continuité, mais la terreur m'aveuglait.

Un tel amour, accueillez-moi, ne me tenez plus en lisière, les mots ne sortaient pas, mais tassée au sol en ce soir de novembre, j'enserrais les genoux de Clément, pour fléchir la nécessité. Pour que l'exil ne soit pas, qu'il n'ait jamais été. Achevez-moi, je vous supplie.

Sur le chemin des pierres mortes, seul, indestructible, l'amour refusé persiste. Une telle obstination à se faire aimer. Bizarres comptes, séquences d'existence mêlées. Dialogue entre tant et tant, les morts s'emmêlent avec les vivants

Pourquoi avais-je été expulsée d'Aurion ? Qui le voulait ? C'est Marie qu'il fallait fléchir, lui pleure en son cœur, j'en suis sûre.

Mes cris à fendre les pierres ne furent pas vains et je

revins à Aurion après un an, sans vouloir connaître le pourquoi du renvoi qui m'en avait éloignée. L'aurais-je pu ?

Les romanesques échappées de Marie, loin du Café de la Gare avaient alors cessé, le roman principal s'était achevé. Après l'adieu à l'amant désormais interdit, l'héroïne restait seule sur scène, avec sa confidente. Ce fut l'enfant, ce fut moi.

L'âge m'avait fait perdre le goût des robinsonnades aux lianes. Confinée au café, retenue par un fil à la patte, élastique assez pour me conduire de ma guérite – l'encoignure où je me réfugiais dans les longues après-midi de l'été pour lire à satiété – jusqu'à sa chambre à coucher. Temps contrôlé par le rituel immuable qui se répétait et je m'y soumettais avec docilité chaque jour sans protester.

Mon évasion au galop de la lecture durait le temps d'une sieste, jusqu'à l'appel venu du premier, tu peux monter. Comme on est averti d'aller à Vêpres par le son particulier de la cloche, ou comme on l'était peut-être à Versailles par l'annonce du Petit Lever.

— Venez maintenant, appelait Clément, je suis libre, venez à l'instant. Vous ne pouvez pas ? Vous n'êtes jamais disponible, tant pis pour vous, j'avais envie.

Le besoin est-il une réponse à l'amour ? L'appel d'un visage d'enfant quand l'artisan m'eut poussée au-dedans, derrière la longue façade vitrée. Il aurait suffi de peu, rue de la Paix au Café de la Gare… des bras tendus, un sourire juste esquissé, une attente, au lieu de quoi il y eut la peur, un regard noir qui foudroie. Non.

La réponse à l'adoration, les romans me la donnaient. Dans les après-midi de l'été à Aurion, le corps calé dans l'encoignure d'une croisée et son banc aménagé à hauteur du tiroir-caisse, je lisais ou plutôt parcourais en cavale des pavés, sautant les lignes, les pages, pour arriver plus vite au but désiré, la séduction et le baiser. Caroline chérie. Autant en emporte le vent.

Des trains passaient, l'écho se fondait dans les lignes. Seul perçait le bourdonnement de la grosse mouche noire de l'été, elle cognait aux angles de la salle, tache d'encre incrustée dans le récit qui se dévidait. Soudain, la porte s'ouvrant, je voyais surgir, hébétée, un miséreux, le cantonnier ou la mère Carpet, venus lamper la bolée quotidienne, plus incongrus qu'un Iroquois débarqué dans la basilique, qui me ramenaient à mes responsabilités de tenancière.

Au premier appel venu du premier, j'émergeais d'un coup. L'escalier crissait, le petit animal familier grimpait jusqu'à la chambre, autre décor de la magicienne, outre la table de jeu à la cuisine. Tout s'était effacé de ma tête. L'appel venu comme un coup de sifflet – mais il était doux aussi –, tu peux monter, balayait toutes les histoires de passion où j'avais plongé…

Dans la pénombre de la chambre, rideaux tirés sur l'été. Ma place sur le lit était prête, pour l'endurance, la docilité. Je m'y tenais. La confidence commençait, l'inertie de l'après-midi cernait.

Je pénètre à nouveau, tout est disposé intact, à portée.

Allons-y, comme je le faisais, sur la pointe des pieds pour ne rien troubler.

Ambiance migraines et frustration. Au chevet, des flacons d'une potion couleur citron. Vichy entamé et verres cernés. Elle s'éveillait, la bouche amère, sa vie confinée, et j'étais là, enfant sage assise sur la courtepointe en satin passé, rose dragée, tournant le dos à l'armoire en ronce de noyer. Assise comme cariatide sur le lit où la femme alanguie n'en finit plus d'absorber la potion amère, après avoir épuisé la potion magique. Lis-moi la posologie, elle disait possologie, avec ce sens de l'importance qu'elle conférait à tout l'arsenal médical.

Sur l'oreiller, ses yeux chagrins, son visage de mélancolie. La beauté n'est pas encore entamée, Renée Saint-Cyr entre les draps flétris envoie un sourire voilé à l'enfant qui épouse les déceptions, l'amertume, l'artisan beau parleur, mauvais caractère. Sur le menu du mariage, elle avait écrit « le plus beau jour de ma vie », mais aussitôt la déconvenue. Il ne savait ce qu'était l'amour ; comme une bête, il l'avait prise… Des blancs, des confusions, jour après jour le récit d'une vie travaillée au point de fantaisie. Pierre Benoît et Victor Marguerite. Répétitions, ellipses… les rideaux clos sur les après-midi autrement salaces de quelques femelles du quartier, Mme Ringer et son amant garagiste dans la dèche au dernier degré, la femme du journalier, jeune et déjà un peu blette. Mais dans la chambre, l'air est raréfié, et l'enfant sur le lit sagement opine.

Le visage lisse et rond est plein d'attention, l'enfant n'ose se retourner vers le miroir de l'armoire en ronce de noyer. La magicienne n'est plus magique. Verres souillés, Vichy asséché, brûlures au foie, à l'estomac.

Les amours se sont envolées et l'enfant devenue confidente n'ose affronter son propre reflet dans le miroir de l'armoire, craignant d'y surprendre la duplicité qu'elle ne peut s'avouer.

La chambre des sortilèges est devenue chambre des mensonges, chambre des fuites. Rien ne frémit sur le visage rond, mais au-dedans l'ombre s'est libérée, elle vague ailleurs parmi des pensées indécises. Il y aurait danger à se retourner et à se voir dans le miroir. Immobilité.

Dans la chambre des fuites, l'enfant apprend comment faire semblant d'être où l'on n'est pas. Exercice d'assiduité pour se donner la liberté de vaquer parmi les ombres.

Quel retour peut-on espérer, une fois la perte consommée ?

Le pays natal ? Tout s'est fondu dans la nuit du temps non vécu, les voix interrompues, le ciel de nuit, le silence, les contiguïtés qui font le réseau de la vie. Rien pour étayer l'existence. La perte. La perte, à jamais. Est-il d'autres terres pour le retour ?

Clément l'avait dit très tôt ; dans son œuvre, pas de faux-semblant, mais la perte, restituée dans l'acuité toujours présente de l'effroi, du manque… pour des milliers, pour des millions.

Revient-on jamais, à part Ulysse ? Dans quel état vingt ans après, même si les dieux s'en mêlaient à l'époque ?

À Ithaque, l'épouse fidèle l'attendait sans désarmer. Elle avait su tout préserver, sa vieille nourrice, son père, les moutons et leur fils, même le chien Argos. Armée de défiance au fil des années, elle s'obstinait encore face à lui, refusant de le reconnaître, et répondait à ses questions par menterie, habile à leur donner l'apparence du vrai.

Il l'avait croisé, son Ulysse, jeune capitaine en partance pour le retour. Les larmes de la reine coulaient, *elle pleurait l'époux qu'elle avait auprès d'elle… mon Ulysse a perdu la journée du retour.*

Mais sa résistance à la fin exaspère celui qui veut se révéler. *J'irai dormir seul, elle n'a que du fer en place de cœur.* Feignant la reddition, la reine ordonne alors aux servantes d'aller dresser leur lit.

Ô femme, as-tu bien dit ce mot qui me torture? Et d'évoquer leur chambre et le lit bâti dans l'olivier, enserré dans ses branches comme entre les bras blancs de l'aimée.

Lit-maison et lit-monde, leur secret, le sésame pour entrer dans la chambre.

Elle se rend, il sanglote et la déesse retient l'Aurore aux bords d'océan, pour étendre la nuit sur eux.

Il était donc revenu ! Après avoir traversé les abîmes, pénétré dans l'antre du Cyclope, il avait connu des femmes aux escales, vécu près de chacune, souvent longuement.

Était-ce lui ?

Elle hésitait, l'épouse, dans leur face à face, les yeux dans les yeux malgré la pudeur et sa crainte. Oserait-elle se l'avouer? Leur complicité, ce reflet d'or qui dansait dans ses prunelles dès qu'il la voyait, ne luisait plus. Et sa voix, quand il la nomma épouse aimée ne l'effleura pas comme caresse, parole à toucher. Était-ce Ulysse tel que, gravé, elle l'avait gardé, s'arrachant à ses bras pour s'embarquer à regret, maudissant les histoires lointaines de femmes et de cousinage? En quoi était-il concerné dans son Ithaque?

Cet homme-là n'était plus. Même s'il partageait encore le secret, un autre était assis là devant elle.

Ulysse, lui, loin de son Ithaque, tout entier absorbé à esquiver les périls, refusant les métamorphoses, il s'en fallut de peu qu'il ne devînt porc ou dieu. Par quel charme était-il revenu pour vieillir auprès de l'épouse fidèle, désormais naviguant dans des rêves étrangers? Insoucieux du palais, des moutons, sans doute aussi de Pénélope dans le recoin le plus secret de sa pensée qu'il ne voulait surtout explorer.

Sur les traces d'Ulysse, j'avais trouvé à l'une des brocantes estivales si prisées en Normandie, où elles ont commencé, la *République* de Platon. Parmi les débris kitsch des vies échouées, la *République* s'offrit à moi pour un euro. Une aubaine, la collection de mes Budé ayant péri dans un incendie.

La foire aux greniers était installée dans un pré au long d'une plage du débarquement de juin 44, le territoire des Canadiens, Juno. J'achetai la *République*.

Le livre monument s'achève au pays des morts. Il ne s'agit plus cette fois d'une excursion interdite, le héros est bel et bien mort et doit choisir, parmi d'autres, comment renaître, quelle vie pour recommencer à user le temps.

Au tribunal des Parques, le sort lui a fixé d'être le dernier à choisir. Ce n'est pas un bon rang, si on arrive tard à la foire, il ne reste rien de valable, les défroques les plus enviables sont prises au petit matin, dans la brume grise encore où des brocanteurs avides les dénichent, à peine sorties de leur coffre.

D'autres héros avaient déjà pris leur parti. En haine des femmes Orphée choisit d'être un cygne, Ajax un lion en haine des hommes, et Thersite le bouffon, un singe. Quand vint son tour enfin, Ulysse, l'âme dépouillée de toute ambition au souvenir des fatigues passées, *tourna longtemps jusqu'à trouver dans un coin, dédaignée, la condition tranquille d'un anonyme,* réalisant ainsi sa déclaration au Cyclope – était-ce son vœu le plus secret qu'il avait anticipé ? – n'être personne.

Une vie d'occasion à la brocante, à quoi ça tient la vie ?

Si la ligne de chemin de fer Paris-Le Mans ne s'était arrêtée au village, à Aurion, mais comme il convenait à la sous-préfecture ? Le refus des élus d'autrefois expliquait cette aberration. Ils avaient peur de l'intrusion. Une Juive ! Au pays de Jean Chouan !

À quoi ça tient ? Les rails et les lignes de vie s'entrecroisent. Peut-on parler de destin ?

Plutôt d'occasions, on prend ce qui se présente, le troc, de la main à la main. Main de la résistante à la sortie de l'école et paume moite de l'artisan, gare Montparnasse.

Mains secourables, présentes au rendez-vous fixé. Entre le doigt de Dieu qui se tend, au plafond de la Sixtine, et celui d'Adam, l'écart s'est creusé…

Mains de ténèbres pour traverser le labyrinthe. L'infirmité vient au secours du malheur. On choisit la vie qu'on peut, celle qui s'offre. Et au bout du compte, au terme de bien des hasards, rejoint-on sa nécessité ?

Faire retour, longue espérance, mais où donc, à dire le vrai ? Ce n'était pour moi que leurre. À Aurion pays d'emprunt, quelqu'un d'autre avait pu renaître à ma place dans le petit Café de la Gare.

La Pologne ? Lors du premier des deux voyages que j'y fis, j'avais pu constater à Lublin une proximité saisissante, les fenêtres des maisons de la ville devaient ouvrir leurs volets sur les châlits de Maidanek. Sans doute avait-on choisi là de vivre en aveugle.

En ce soir de novembre, j'enserrais les genoux de Clément, revenu du pays de ceux qui n'étaient ni morts ni vivants. Geste de la suppliante, sans un mot. J'étais à ses pieds comme s'il eût incarné le monde dont il avait fait crier l'absence. Qu'il me le rende, me rende à moi-même, l'enfant d'avant sur le parvis blanc. Une vie biffée, négatifs perdus, réduits à néant par l'explosion sur le parvis.

Notre vie, un vrai pugilat, les morts s'empoignent avec les vivants. Je me débattais face à Clément omnipotent et vénéré, dans son absence comme le père, dans son refus comme la magicienne. Il écartait dans son angoisse ce qui risquait de l'entraver, comme elle au cœur de la chambre close, rideaux tirés sur le quartier et sur moi.

Après ce soir-là, Clément fut absent avec continuité, il dut partir tout l'hiver et tout le printemps en Israël.

Quand vint l'été, je reçus la promesse d'un apaisement.

Une nuit, la fenêtre s'était ouverte sur le visage de la magicienne, brillante et calme comme la nuit d'été, un rêve. Elle souriait dans l'embrasure, sans cette lueur apeurée au fond des yeux, marque mobile, toujours fuyante de sa beauté.

C'était par une claire nuit du début de l'été, l'écheveau soyeux de ses cheveux ondulait dans l'odeur des roses qui peuple les soirs.

Tout affluait de la plus belle saison de l'année, perçu sans être vu, la fin du jour et les moucherons que l'on chasse, la clarté des soirs, la senteur des tilleuls dorés, ce grand silence campagnard qui se déplie, enveloppe tous les dons de l'été.

Elle, immobile, sereine dans son cadre, et l'enfant hors du champ – était-ce le crayon pointant dans l'angle, une signature – enfant sans visage, désir émerveillé pour observer, et dire la perfection.

Au matin, quelques mots déposés m'étaient restés, comme la légende de l'image, « dans l'ombre de soie ». Le rêve avait épelé s-o-i-e. Les mots sur quoi bute le sommeil laissent un bonheur ineffable au matin, comme si le rêve trouvait son matériau pour écrire les images fuyantes.

Dans l'ombre de soie, chuchotement furtif aux sonorités étouffées, douceur prolongée par le e muet. J'appris cette nuit-là que ce pouvait ne pas être un tourment d'avoir été dépossédée. Nuit enchantée des sortilèges, un lieu d'apaisement si je savais m'appliquer à le trouver, dans l'ombre de soie.

*

Le don de Clément, je l'avais reçu dès l'abord, à notre première rencontre, en privé, à sa table. Rien à espérer. Perte, absence.

Son long séjour en Israël, pour quelques mois une absence avérée, m'avait fait avancer. J'ignorais tout ou presque de son existence là-bas, un autre monde, invisible que je n'avais pas cherché à pénétrer, ni interrogatoires – il y résistait – ni voyages surprise.

Son travail l'accaparait, un lourd projet, dur à mener quand l'âge montait à l'assaut et qu'il avait, sur des sujets discutés, toujours un point de vue singulier, suscitant des oppositions. Je pouvais imaginer le rythme des jours, sa vie envahie de tâches obligées, de celles aussi qu'il se créait. Un agenda dont seul il avait le secret dans une imbrication de rendez-vous et de charges que je ne vis jamais combinés de la sorte.

L'été de son retour, il choisit de ne pas rester à Paris ; villégiature, grand air et mer pour son plus grand bien.

Vide, pesanteur en ce premier jour d'août. Paris s'est vidé. Les rythmes habituels perdus, on tient par la masse physique du corps et de la chaleur, cloué au sol. Sous un ciel accablant de chaleur, les rues se figent, le ciel pèse, immobile et blanc. Dans l'autobus, des blondes fades et flasques à l'œil de gallinacé. La ville est un entassement de volumes.

Il m'avait fixé un rendez-vous, une heure ou deux pour dîner.

Et j'avais accepté.

Une heure avant le rendez-vous fixé, Clément m'avait appelée. Plus question de dîner, une obligation familiale inopinée. Nous nous verrions plus tard, dans la soirée, sitôt après. Le soir blanc se traînait sur l'avenue. J'aurais dû refuser, annuler, au lieu de quoi j'étais là à attendre quoi ? Un bref adieu, la nuit venue, pas même une heure. Il arriverait à l'heure du coucher, absurdité.

Je m'en voulais de mon obstination insensée, le soir s'étalait sans pouvoir tomber, la vie désormais hors d'atteinte, derrière la vitre du café.

Rien ne change, rien n'a changé, la vie se traîne, en berne.

Il allait quitter Paris, toute la saison, davantage peut-être. Presque onze heures, surgissant de sa voiture mal garée, entre sourire et panique, c'était lui.

Nous sortîmes marcher sur le quai, ne sachant trop comment employer ce bout de temps. La nuit était chaude encore. Accoudés au parapet de pierre, sous les projecteurs, les guirlandes des bateaux-mouches emplis à ras bord scintillaient dans leurs reflets d'eau noire. Leurs feux brillaient, par intermittence. La voix sourde était proche, mais dans l'imminence du départ, l'incertitude de la suite, tout devenait distant, lointain déjà, comme un souvenir qu'on voudra chasser.

Un son de crécelle ; par-dessus la balustrade, sur la berge, assis à même le sol, quelques jeunes rythmaient avec des instruments de fortune, une cadence toujours identique. Nous restions là à regarder, silencieux, dans la douceur de la nuit. Côte à côte, sans aucun geste de tendresse. Il en éprouvait comme une gêne toujours.

— Rentrons, proposa t-il. Ce fut la dernière soirée. Quelques pas comptés au bord du fleuve, dans les faisceaux des bateaux-mouches. Je l'entendis à peine s'éloigner, vers le cœur de la nuit. Comme un présent qui va cesser, parti sur la pointe des pieds.

L'obscurité était venue et lui, disparu, pour plusieurs mois, davantage peut-être.

Tristesse face à la nuit molle et tendre, le vouloir qui m'avait jusqu'ici portée s'était tu. Les bruits décroissaient, tout devenait distant, assourdi comme autrefois pour l'enfant debout dans l'obscurité des longs soirs d'été, à Aurion, pensive à la lucarne.

Dans la nuit, les ombres se fondent.

Précarité de l'existence qui ne sait où poser le pied. Que sert de chercher à convaincre pour obtenir l'amour ?

Une petite fille tombée du train à Aurion ne remplace pas le bébé aux yeux de myrtille, perdu sous le grand marronnier, l'enfant bénie qui lui ressemblait…

La porte s'était refermée. Le passé ne s'ouvre pas. Ouvrez-moi cette porte où je frappe en tremblant. Les métaphores nous égarent mais elles nous tiennent aussi arrimés à notre utopie.

Fidélité de charbonnier ou de Pénélope, quels que soient le lieu et le temps, un pouvoir constant de renouer avec sa légende.

Dans le livre d'or de nos vies, livre de mélancolie, peut-on renaître ?

Clément ne m'avait pas réconciliée. Qui le pouvait ? Étrange attelage d'une tête abstraite sans assises et d'un corps affolé, courant bientôt comme volaille décapitée qui crie partout : moi, moi, moi. Clément ne s'était pas chargé de recoller les deux moitiés. J'avais supplié, rien ne l'atteignait, ni mots, ni gémissements. Les pouvoirs dont je m'étais crue douée s'y étaient cassé le nez. Les mots, aucun mot ne passait.

Je n'avais plus vingt ans… aucune logique en cela, le docteur Schwan le savait, qui m'avait révélé la profondeur du deuil ajourné, au-delà de toute limite pensable.

Jamais, plus jamais. On ne revient pas. Passeur de réalité, Clément fut Charon, me conduisant jusqu'à la porte, mais pas Orphée. L'espérance décline, chaque pas écarte. L'exode perdure, sans ville majeure où faire retour. Non, rien, l'existence délaissée. Dans la tête, des recoins bricolés de délire, pour tenir. Je voudrais envoyer par-dessus bord cette vieille tête qui n'en peut mais d'avoir bataillé, ressassé… un vieux grimoire usé.

Jamais de retour, ils m'ont quittée. En ce lieu où ils furent jeunes, amoureux, bataillant pour vivre, leurs parents, les objets… abolition.

Néant.

Jamais de retour, pas d'auprès. Pas de rapt de qui, surgi du temps d'avant, viendrait ravir, emportant entre ses bras la chair blanche. Irruption, quand ça recommence *ab initio* dans la profondeur du sexe. Déshabille-toi, disait-il. Brutalité des animaux au fond des bois, sans fioritures et sans mensonge. Et j'erre, condamnée à chercher.

Ma mère, ma mère reléguée, ombre triste. Déjà éteinte dans l'angle de la cuisine, entre la boutique et la cour sombre aux scolopendres, une forme indistincte, à l'écart.

La boutique babille à côté, tout éclairée du thé doré qui circule, toujours prêt à être versé. Dans l'odeur de colle et de cuir, le marteau s'est arrêté, les clous sont posés, et les paroles sans fin tressent un bourdonnement heureux pour l'enfant, mêlée aux grands. *Muttersprache*, langue maternelle taillée dans le rire exubérant du père.

La boutique, c'était le foyer, deux ou trois amis à converser, retenant entre leurs doigts, dans leur bouche, la chaleur de la vie, liqueur et paroles. Une rondelle de citron doré flottant dans la liqueur sucrée. À travers les saisons, le chaud, le froid, délire et malheur, me reste ce pouvoir d'habiter, le vrai lieu où je me suis déposée, le thé. Un bruit de fond, une sensation dans la bouche.

Malgré les photographies, jamais je n'ai vu leur visage, même dans la profondeur enfouie du rêve et de l'espérance. Terreur et culpabilité, ils sont restés lettre morte. Seulement des clichés, l'ovale parfait d'un visage, l'eau transparente d'un regard qui ne voit pas, regarde au-delà.

Je les vois sans pouvoir les reconnaître. Aucune

empreinte n'a été déposée pour fixer ces portraits. Ils ne me parlent pas, les vivants sont invisibles derrière ces images. Fanny ? Une allégorie. Une image tient lieu d'existence.

L'enfant avait besoin de les voir pour être. Comment le ciel ne s'est-il pas brisé de sa supplique ? Boire à la source des regards, une fois…

Jamais ils ne sont apparus, non plus dans les brouillons du rêve : un visage en pointillés qui ne parvient pas à s'écrire sur le ciel, des enfants voilés, une petite fumée sur le point de s'effacer.

Jamais.

Je voudrais les réenfanter dans le berceau du rêve et de l'espérance.

Impossible, le long voyage à travers le temps, la nuit de l'absence les ont usés. D'autres ont prêté leur voix, leur sang, leur image.

Disparus, oblitérés avant que mon regard ait pu les fixer. Traces écrasées de boue, de cendre. *Gute nacht*, le voyage d'hiver s'achève, vies asphyxiées derrière les portes plombées.

À travers la nuit de juin, je rentrai à pied. Dans ma chambre, je sortis le dossier interdit. « Dossier à ne se dessaisir en aucun cas. Ne remettre à personne, qui que ce soit, une pièce de ce dossier sans me prévenir. » L'artisan a écrit l'une et l'autre mention aux deux extrémités de la chemise de carton pâli, en haut, en bas, barrant la couverture de mon prénom en larges lettres, de sa fine écriture violette. Le dossier s'en va en lambeaux.

La dernière carte, je l'ai sous les yeux. Elle m'a tourmentée si longuement, sans que je le sache. Jours de nausée, jours de néant qui revenaient d'année en année; un anniversaire que mon corps marquait comme si lui seul se souvenait d'un jour dont je n'avais pas souvenir.

Dans l'hiver de pire malaise dont j'ai parlé, recommençant à marcher, tentant de vivre, je dus le 10 février rester couchée dans la chambre noire. Une nausée plus forte encore, ma vie s'arrachait, il me fallut trouver un crayon pour écrire quelques mots « un bout de soleil sur le balcon et un inatteignable ailleurs ». La vie était suspendue à un trait de crayon. C'était le 10 février.

Le dernier signe venu du père date de ce jour-là, 1943.

La carte entre les doigts, je vais lire. Dépouillée, face à ce cri que je reçois aujourd'hui à genoux. Sur un support de papier renforcé, à peine du carton avec tous les tampons obligés : camp d'internement de Drancy, bureau de la censure, préfecture de police. La vignette brune, un franc vingt à l'effigie du maréchal Pétain, postes françaises, est oblitérée de la date du 11.2.

Elle croisa une carte envoyée par l'artisan au tampon d'Aurion, partie le 9. Les nouvelles étaient bonnes de l'enfant, de tous, et pour répondre à la demande, un colis serait envoyé « ces jours-ci ». Destinataire Jacques Waysbord. Matricule 32122, escalier 7, 3e étage. Camp de Drancy. Seine. L'écriture violette est barrée d'un tampon : Retour à l'envoyeur. En haut de la carte, une écriture manuscrite au crayon rouge : « Transféré. Sans adresse. »

Les cartes se sont croisées, le père n'a rien reçu. Cri au crayon, les caractères tracés avec décision, là devant moi :

Chers amis
Demain le 11 nous partons !
Destination inconnue !!!
J'ai du courage et de l'Espoir
J'ai confiance en vous qui ferez tous votre devoir
Je n'ai pas reçu de colis de vous !
Ni de nouvelles
C'est dommage.
Je vous embrasse tous.

Poème expédié d'un trait, au crayon. Volonté en majuscules, vie amenuisée à néant.

Urgence de feu, toute écriture pâlit. Mes lèvres tremblent sur les mots interdits.

Convoi n° 47 en date du 11 février 1943, l'Office central de sécurité du Reich a donné le feu vert pour de nouveaux transports de 1 000 Juifs… Le convoi du 11 a été constitué de Juifs étrangers… 372 Polonais, 154 Français, surtout des enfants nés en France de parents étrangers… La liste n° 47 est en très mauvais état. De nombreux noms sont presque illisibles, en raison de l'effacement des caractères sur papier pelure.

Les conditions de ce départ étaient si abominables que, dès la gare du Bourget-Drancy, une des déportées… succombait.

Il y avait, en 1945, 10 survivants, dont une femme.

Sur un support de carton, écrite au crayon, ma bible immémoriale de détresse et mon amnésie. Jamais lue et toujours sue par mes lèvres, par les pleurs de mes yeux.

Ce fut le dernier message.

Je les ai attendus toute une vie. Murailles du songe pour protéger. Échafaudages de papier qui résistent à bien des tempêtes.

La vie, suspendue à un trait de crayon…

… par la fenêtre ouverte, une musique sourde, la nuit d'été monte jusqu'à la chambre. Solitude, pleurs, sérénité. J'accepte enfin d'avoir été épargnée, je les bénis de la force qu'ils ont su me donner, pour résister, pour vivre. Voyage d'*inverno*, acte de piété et de honte, le seul don que j'aie su trouver pour ceux qui ont dû, jusqu'au bout, faire le voyage d'*inferno*.

*

Dans le rêve du petit matin, j'attendais immobile, sur le palier devant la porte de Clément et son œilleton, ombilic d'angoisse. Une fois de plus, l'incertitude me serrait la gorge. Quelle serait ce jour-là l'humeur du gardien de la porte ? Lassitude, impatience, exaspération, désir ? La chaîne d'une longue sonnette de fer à l'ancienne, pendait devant moi sans que j'y touche, elle ne devait rien au simple bouton de cuivre sur lequel j'avais si souvent appuyé, et pourtant, à n'en pas douter, c'était bien la porte de mes attentes.

La chaîne était dans la pleine lumière du rêve ; son dernier maillon s'élargissait en une boucle ovale faite de deux arceaux pour mieux asseoir la prise. Je sentais au creux de ma paume la poignée polie par l'usure et surtout le contact de sa pointe médiane à la jonction des deux arceaux. Le froid du métal, sa pointe avaient percé la fluidité du rêve et j'en éprouvais la présence, tactile.

Tandis que je restais là, immobile sur le palier sans tendre le bras. Comment l'aurais-je pu, d'ailleurs ? J'étais un bloc sombre et voilé, élargi à la base – deux ou plusieurs enfants peut-être, demeurés dans les limbes sous les voiles couleur gris fumé qui tombaient jusqu'à terre.

Femme ou statue voilée, j'étais absence mais la sonnette devant moi, tactile sans que j'y touche, concentrait toute la vivacité de la scène. Je m'éveillais, abattue, les larmes proches. Tout était dit, la porte ne s'ouvrirait plus, il était perdu. Et ce long cordon qui pendait, je ne l'avais même pas tiré. La lumière du rêve s'y concentrait, c'était bien lui, précis, prêt à être saisi, l'excitant cordon que, petite bande de la gare, nous attrapions au passage pour réveiller les mornes après-midi de l'été à Aurion. Si souvent saisi avec sa poignée ajustée à la paume, lissée par l'usage sans que la pointe en fût émoussée. C'était rue de la Paix, à la porte de la maison aux glycines où vivait le maire du village, demeuré veuf, servi – ou plutôt régi – par sa bonne, une tigresse aux cheveux filasses qui terrifiait les garnements du quartier.

La guerre alors s'étirait, sans diversion. Nous étions réduits, enfants autant qu'adultes, à créer un monde d'aventures et de risques, sans sortir d'un carré de maisons, le minuscule quartier de la gare étant tout notre territoire.

De ce temps lointain, le souvenir d'un plaisir mêlé d'angoisse était bizarrement revenu, resté vif par-delà l'oubli. Le jeu ancien nous enchantait sans lassitude. Était-ce provocation ou ennui ? Nous prenions notre élan à partir de la gare pour attraper à pleine main la poignée de fer au passage, faisant ainsi voler la chaîne. Les éclats du carillon emplissaient la rue de la Paix tandis que nous détalions en bande sans oser un regard en arrière vers la guenon qui nous terrifiait, déchaînée sur le pas de sa porte.

Dans le rêve venu au matin, la sonnette pendait toujours, tel un leurre, une tentation désormais interdite. À la porte de Clément, je n'osais même plus avertir de mon arrivée, et je baissais le nez, comme si j'avais attendu piteusement mon renvoi. Tout l'espoir s'était perdu. Elle ne s'ouvrirait plus.

Et je pleurais devant la porte fermée.

Ce long cordon de sonnette à Aurion, quel démon poussait l'enfant modèle en qui je m'étais transformée dès mon arrivée à le tirer, perdant ainsi la docilité qui me faisait de tous adopter ?

Ce plaisir de garnement à balancer le long cordon au passage, je l'avais oublié, passive et tremblante sans oser tirer, sur le palier de Clément. Le geste m'était revenu, impulsion d'enfance soudain retrouvée, plaisir d'échapper…

Le rêve apportait d'autres découvertes que je ne sus alors mettre au jour. Ce fut longtemps après, quand le seul nom de Clément ne faisait plus frémir ma pensée, mais les images du rêve subsistaient, je dialoguais avec mes songes.

La statue voilée que je fus à sa porte, en deuil de l'avoir quitté sans rupture, qui avait-elle à ses côtés ? Ces petits collés à mes hanches, au visage dérobé sous les voiles de deuil, comment ne pas y avoir songé ? Inachevés, faisant bloc avec la statue que j'étais, ils attendaient prostrés, encore à naître, leur sort suspendu à mon geste devant la porte qui refusait de s'ouvrir. Et le couteau me pénétra quand je reconnus, sans les voir, en ces petits à mes côtés, mes parents devenus, avec le temps, mes enfants.

Tant d'années, comment avaient-ils pu, comment les avais-je laissés dans les limbes ? Ils étaient désormais à ma charge et sans peur, dans le berceau de mon cœur, j'avais à les accueillir.

L'orpheline n'était plus. Il s'agissait bien d'entrer aux Champs Élysées ! Penchée sur le rêve, des mois après, déchiffrant l'image dans le miroir, je reconnus, dans un frisson, ma maternité endeuillée.

Mes parents, mes petits, Jacques et Fanny demeurés invisibles. Les photos de Pologne sont muettes, non je n'y revois pas leurs visages. Inachevés, ils le sont aussi demeurés dans le rêve, en pointillés, en terreur promise. Comme s'ils étaient restés à l'orée du bois de la vie, ombres errantes. Ils m'attendaient pour les délier, leur donner corps, tout contre moi, ces petits indistincts, écrasés.

J'avais pleuré pour le deuil de l'amour, lisant en biais, et un autre sens m'avait échappé. De fuite en fuite, nous courons comme des égarés, toujours dans la rue de la Paix, où se mêlent nos émois, nos tourments.

*

Il fallait retourner là-bas, les chercher.

Auschwitz, étrange nom au lieu d'Oswiecim, comme les deux lames d'une cisaille, il ouvre et il ferme la bouche. Le cri interdit. Topographie d'un autre pays où conduit le train fou et son conducteur qui se penche en faisant le geste. Cou coupé.

Un autre pays, la vie et la mort s'effondrent.

La décision d'y partir se prit, comme souvent, sur une opportunité. Un charter monté à la hâte pour emmener des lycéens le 27 janvier. J'avais accepté d'y aller et je tremblais voyant le départ approcher.

Quelques jours avant, l'artisan vint me visiter. Il n'avait guère été présent dans les rencontres ménagées par la nuit, la magicienne occupait là aussi l'espace.

J'étais à son chevet, à l'hôpital où il venait de décéder, avec Raoul à mes côtés. Unis dans un chagrin silencieux, pour l'homme que nous reconnaissions tous deux comme un généreux sous ses airs austères et bougons.

Raoul m'avait devancée, présent aux derniers instants. Je vins après, et il me chuchota l'ultime question du père, presque inaudible, quand se dressant soudain, la panique dans ses yeux sombres, il avait demandé le boueux pour lui dire : Et moi, c'est quoi maintenant ?

Il n'appelait pas d'infirmier à son chevet, mais un boueux, c'était le mot rapporté par Raoul... Je n'avais plus depuis la guerre entendu prononcer le mot, qui était le noyau du rêve. Il condensait l'instant décisif, le regard fou du moribond sur son séant dans un dernier sursaut.

Instant de terreur, dans la brume indécise de nuit encore, rien ne se voit mais on entend grincer des roues qui s'approchent, la charrette fantôme et son charretier, le boueux.

Angoisse ultime, presque honteuse : Moi, c'est quoi maintenant ?

Je restais sans voix, assise au bord du lit où, sans m'enquérir plus avant, j'écrivais. Le rêve devenait le mouvement d'une phrase. Mon angoisse s'élevait par-dessus les soucis du moment causés par la mère – elle vivait encore sans être visible ici – pour se poser sur celui qui avait disparu depuis tant d'années. Le rêve était la phrase, j'en choisissais avec soin chaque terme pour que sa ligne pure, décantée, pût s'élever et retomber avec simplicité.

Le crayon du rêve manié dans la profondeur du cœur tant d'années après... Douleur épurée, présence à l'autre, accord silencieux. Les mots étaient supprimés, qui entravaient le mouvement de la courbe. Elle venait s'ajuster exactement sur la tête de l'artisan pour le couronner à la fin, au lieu de la mère, qui avait toujours su usurper la dévotion, l'inquiétude, faisant valoir haut et fort les menaces sur sa personne. La maladie fut sa royauté, la seule qu'elle eût su se choisir, elle s'y était très tôt installée.

Le mot boueux, passé de mode, s'était retrouvé dans le rêve. On l'employait bien ainsi au village, le boueux, au singulier, le pluriel eût été plus proche de l'usage présent. Mais c'est la forme d'autrefois qui m'était revenue ; le boueux chargé d'enlever à intervalles réguliers, peu fréquents, les ordures dans sa charrette pour les conduire à la décharge. Rochemadeau, un tas malodorant, se situait à l'une des entrées du village, près d'un petit pont de chemin de fer. Ni paquetages ni plastiques à l'époque, mais les maigres reliefs de vies quotidiennes et surtout les accidents survenus, volailles malades, couvées avortées.

J'allais très peu de ce côté. Mon horizon se situait dans la direction opposée par-delà le passage à niveau. Un épisode peu ragoûtant y avait pourtant affronté la petite bande du quartier de la gare dont j'étais, et ceux de Rochemadeau qui nous accueillirent par des jets d'œufs pourris. L'odeur empestée nous fit vivement refluer vers nos territoires.

L'artisan s'était adressé au boueux, Caron surgi de quel dépôt ? En quoi était-il concerné par un travail si ordurier, lui, fier de sa différence évoquant avec mépris les « bouseux », paysans restés comme il le disait, au cul des vaches, alors qu'il avait tout connu dans sa jeunesse, l'aéroplane qu'il venait piloter au chef-lieu, la photographie dont il eut longtemps la passion. Je me souviens des plaques de verre maniées avec précaution.

Qu'était donc ce transport ordurier ? À l'âge de boue, l'île des Morts devenait la décharge publique, ou pire encore.

Au petit matin du 27 janvier, je pris le charter pour Auschwitz dans la frousse et dans la nausée.

Lors de mon précédent voyage – le premier – avec l'aide de Lawrence, un jeune chercheur américain, alors en poste à Jérusalem, j'avais passé le temps dévolu au musée à compulser les fichiers auxquels nous eûmes accès. Le besoin d'y trouver leurs deux noms, de toucher à la fin leur tombeau, tordre le cou à l'espérance.
Dans la série des W, je parcourus toutes les orthographes. Les noms sont proches, des erreurs de transcription, comme une langue mutilée qui tâtonne à travers l'alphabet. Chaque nom, une tête tranchée, omissions, bégaiements. Je trouvai deux fiches au nom de Fanny, mais rien pour lui, prenant et reprenant de façon panique sans pouvoir renoncer. Lawrence était derrière moi, sans mots. Il avait un regard sensible et fou. Quel enfant en lui s'était éveillé à cela ? Mystère, j'ignorais tout. Il était là, proche et distant, comme il le fallait justement, étranger.

Deux ans avaient passé depuis ce voyage où je n'avais pu trouver le nom du père. Sans que je le sache encore, un autre renoncement s'était engagé, sans tourbillon ni cataclysme. Une séparation.

Arrivant à Auschwitz la seconde fois, y posant le pied je sus pourquoi j'étais venue. Une heure de l'après-midi, le soleil allait percer le ciel gris, les ramures perdaient leur givre. Quittant le groupe, je partis seule pour Birkenau, me souvenant de sa proximité et fus bientôt en vue de l'entrée conventuelle du camp, sa clôture de miradors et de tourelles que je franchis.

Le ciel était blanc sur l'immense plaine, je n'imaginais plus une telle extension, un développement mathématique à répétition.

Horizontalité, alignements, la brique d'un côté pour le camp des femmes, plus ancien et, de l'autre côté de la voie ferrée, les longs tirets des baraques de bois dont peu sont restées.

Arasement morne. Rien ne frémit au fond dans le bois de bouleaux. Élongation multipliée, toute autre forme évacuée, le froid tombait en flocons. Combien de temps suis-je restée face à cela, sans aucune prise pour le penser? Le soleil s'était réduit, concentré en un cercle froid, couleur d'amiante. Une brume opaque tombait avec la venue de la nuit. Plaine livide sous quelques cheminées dressées.

Sur le lac gelé, un minuscule rond d'eau, près des crématoires effondrés, des fleurs de givre étoilé.

Plaine vide, une solitude abrutie. Le soleil s'éloignait, le temps glacé allait se figer. Rien en moi d'affronté, un écrasement.

L'engourdissement me saisissait, montant à la tête.

Birkenau, le lieu d'aucune réparation.

Montant du sol, le froid m'avait pris les jambes, et tout mon tronc devenait gourd, la glace allait m'emprisonner, un bloc figé, mammouth congelé il y a des siècles.

Tout s'était ici abîmé, homme destitué de façon décisive, destitué il l'avait été aussi de son animalité, atteinte à l'espèce. Dans les poches, les doigts devenaient roides et, juste avant la glaciation, je compris qu'il fallait renoncer à l'immense besoin de consolation dont nous avions été les enfants, en d'autres temps, sous d'autres cieux.

Et ce mince filet de fumée, jamais pensé, jamais parlé ? C'était le rêve de l'enfant, il revint plusieurs fois me hanter, peu après l'arrivée à Aurion, en novembre. Si éthéré qu'il m'est difficile de le parler.

Le fil de fumée s'élevait par-dessus les nuages, par-dessus le soleil, d'une teinte grisée sur le ciel blanc, montant, montant, de plus en plus pâle ; de plus en plus difficile à discerner, il allait s'effacer, quitter l'atmosphère, ses couches successives qui rattachent encore à la terre.

J'étais liée au destin de la petite fumée, dont la disparition imminente tandis qu'elle s'élevait menaçait la frêle existence qui me restait désormais pour quelques instants encore. Instants dilatés par la terreur d'être abolie, sans plus de visibilité sous le regard de l'enfant se voyant fumée. La fumée allait se dissoudre inexorablement, dans l'absence absolue, sans couleur, ni contour aucun. Plus de réfraction, ni fumées, ni ombres. La terreur m'éveillait.

Petite fumée, elle était le cœur du secret, disant la mort de la mort même. Fanny, était-ce elle sur le chemin du ciel – *Himmelweg* –, déjà aérienne ? Elle se penche sur son enfant, l'ai je bien rêvée, la vision, trace de trace, un frottis de blanc qui s'estompe ?

Un souffle venu du bois de bouleaux, les feuilles tombent.

Comment croire ?

Comment imaginer ?

On n'invente pas ces choses-là, elles sont dictées.

Abandonnés les naufragés, *i sommersi* sur *Himmelweg*. Nul n'a vu, nul ne peut approcher. Aucun passeur pour y conduire. Un amour errant, de néant, ne les atteint pas. Délire, douleur sans espérance.

Abandonnés.

Le présent

Ils sont tous morts ou disparus, Léonard, Ania, l'artisan et la magicienne, d'autres encore, et Clément, perdu de vue. Défilé d'ombres, leur cortège fait escorte. Je les ai connus, au fil des ans ils ont écrit ma vie, et pourtant leurs formes ont cédé, comme estompées face à la force de l'au-delà d'enfance, l'étreinte des bras du père, la voix qui prescrit et enchante, la statue voilée de la mère. Le manque fait ici la présence.

Cauchemars, rêves, réalités se sont entremêlés, je ne suis plus sûre de bien distinguer.

De retour à Paris, après quelques jours d'absence, je déchiffre un message sur le répondeur, en anglais un long message, la voix calme, triste, m'informe avant que soit donnée la nouvelle. Maier est mort après une lutte gigantesque à l'hôpital de Montréal, un dernier combat où il faillit triompher, malgré son âge, qu'on n'a d'ailleurs jamais su exactement mesurer. Après la guerre, une limite était prescrite pour acquérir la citoyenneté canadienne, et il avait dû retrancher quelques années, celles passées à identifier les responsables des camps.

Il abhorrait le téléphone, toutes ces transmissions techniques à distance, l'avion qu'il ne voulut jamais prendre. En février pourtant, il avait insisté, rappelant plusieurs fois pour me joindre. Nous l'avions fait et ce serait la dernière fois.

Un fil se rompt, le seul qui me reliait, le seul que j'aie accepté, venu par miracle tant d'années après, comme le don du Père. Maier, sorti de l'enfer, mon lien de sang à ce passé. Enfant, il les avait connus tous deux, Jacques et Fanny, et le message me dit qu'il parla beaucoup de ma mère, se souvenant ces derniers jours.

Quand je vins vers lui, tremblante, l'année de l'Expo universelle à Montréal, découvrant l'Amérique, une famille insoupçonnée, il tremblait tout autant que moi. Pour lui j'étais l'enfant tardive, idolâtrée dans les lettres à destination de Kozienice, la déesse de son héros. Il avait pu mieux le connaître quand mon père dut pour la cause, faire retour de façon clandestine au pays qui l'avait banni. Il y revint, quelques mois avant ma naissance, couchant la nuit dans les cimetières – c'était l'été –, là où la police ne serait jamais allée le chercher. L'adolescent ne l'avait guère quitté. Il riait à ce souvenir encore – la superstition en Pologne, la témérité du héros – redevenu, par une étrange métamorphose, le jeune neveu. Une des rares fois où je le vis franchir le pas vers l'en deçà et sourire de ces temps-là.

Face à face pour la première fois, nous tremblions l'un et l'autre, privés de notre histoire commune, parents sans communauté aucune, ni de vie, ni de groupe, ni de souvenirs. Le poids du passé ôté, des aïeux, sans souvenir ni héritage commun, la jeunesse des êtres, la suite des travaux, des plaisirs, les itinéraires, le shtetl joyeux et bruyant, abolis, abolie la petite maison de l'enfance, une inconcevable utopie.

En apesanteur dans le salon french provincial à Montréal, intimidés face au corps de l'autre, comme une incongruité demeurée dans le massacre d'un monde entier. Son regard était brûlant de ce passé dont il ne pouvait parler, et j'étais malhabile à questionner. Avec lui j'ai peu appris du passé, mais ses yeux de braise, son recul un peu cassé face à l'existence, quelle éloquence ! Une immense dose de bonté, de confiance, préservée on ne sait comment, dans les tourments.

Le passé si muet se referme davantage encore. Je n'ai pas su mener l'enquête, trop embarquée ailleurs, dans l'enfance du sentir.

Un message sur répondeur m'atteint deux jours après l'événement. Ma dernière lettre, sitôt envoyée pour l'encourager, après de meilleures nouvelles, il ne l'aura pas lue. Des paroles qui sont devenues oraison funèbre.

Que faire ?

Aujourd'hui dimanche de Pâques, Paris déserté, à partir de Filles-du-Calvaire, je monte la rue Oberkampf. J'aime la sveltesse de cette rue longue et droite, en pente douce entrecoupant la succession des avenues, des boulevards, à partir de Richard-Lenoir. Montée légère vers les lieux où je revins après l'armistice. On disait le quartier bien changé, réaménagé, « branché » comme il est partout écrit dans les magazines. C'est vrai, il y a des cafés-restaurants, lotis dans les vieilles enseignes Café, charbon, mais ils sont fermés en ce jour et les échos anciens me parviennent, pas oblitérés. Rue des Bluets, le nom m'intriguait, la clinique aussi, en rénovation aujourd'hui au profit de l'école de commerce voisine. Encore bien des hôtels écaillés, la vétusté subsiste parmi les îlots reconquis et sur l'ensemble du quartier, comme autrefois – oui je me souviens de cela – la majesté des bâtiments publics, briques et pilastres des années trente, offices municipaux, bains-douches comme à Argenteuil. Y suis-je venue pour l'hygiène, après la guerre ? Peut-être… vague sensation de vapeur chaude dans les cavités nasales. Chez la cousine, on trouvait l'eau sur le palier, un robinet et son réceptacle souillé, avenue Jean-Aicard. Ce doit être cet immeuble-là, blanchi, fissuré déjà. Gaz à tous les étages, dit la façade. Un espace planté d'arbres a remplacé l'étendue de terre mêlée de sable qui séparait sur sa longueur les deux côtés de l'« avenue », une sorte de terrain vague devenu square. Square Jean-Aicard, qui était-il, celui-là ? Les enfants épient aux fenêtres.

La semaine suivante, c'est encore Pâques, la Pâque copte, je marche dans les rues d'Alexandrie, venue ici pour mon travail, un voyage arrêté depuis plusieurs mois. L'air vif, venteux me porte, donne des courants d'air dans la tête, la vide.

Ici tout entraîne à la liberté la plus grande ; on se promène partout dans le temps avec évidence, grâce à l'archéologie, au recyclage permanent. Le travail patient des savants, fouilleurs, ravaudeurs du passé en miettes transforme les fragments en paroles. Venu jusqu'à nous, l'*Oreste* d'Euripide à la Nouvelle Bibliothèque, deux ou trois centimètres de papyrus sous verre, quelques lettres agglutinées, noir sur bistre, portent le cri du fils.

Je me sens bien ici, légère à la mesure de cette ville qui sait jongler avec les siècles. Ce voyage tombe au moment exact, il me déplace, sitôt après la mort de Maier. Dans l'autobus allant du Caire à Alexandrie, je notais sur mon carnet : « Qu'au moins reste palpable la chance de le voir paraître. » Il ne s'agissait pas de Maier, j'ignorais tout de la ville, du rendez-vous. Nous construisons nos apparitions, ni fantômes ni hallucinations. Sans chimie, sans magie, quand la pensée s'inscrit en image, au terme d'un long voyage.

En ce dimanche de fête, les familles affluent entre les voitures, sous les enseignes aux couleurs des années cinquante. Divertissements d'antan, bon enfant, sans chichis comme c'était dans le vieux temps. Ramenée ici, cinquante ans en arrière, merceries d'après la guerre à Aurion, rubans et boutons de nacre, les coquetteries du *Petit Écho de la Mode*. Mais c'est à une tout autre échelle, celle d'un gigantesque bazar oriental, clinquant de tous ses néons sur la corniche marine au soir.

Un vent gris fort, qui souffle par bourrasque, couche les palmes, les passants résistent à peine. Il faisait grand vent toujours à Aurion, les jours de Pâques, lundi surtout. Sous les vêtements – on étrennait la garde-robe de printemps, par conviction prématurée – le froid saisissait. Dans les promenades, préparées pour l'occasion, pas impromptues, et plus lointaines, courses de chevaux ou pèlerinage à Lisieux les grandes années, on grelottait. Était-ce le jour qu'on appelait les Saints de glace ? Vraiment j'y croyais, j'avais la poitrine gelée.

Le soleil ce matin éveille les façades, leurs stucs de plâtre, montrant des palais en lieu et place des maisons lépreuses. Pile ou face selon vent ou soleil. Les immeubles comme paquebots en cale ont baissé pavillon et les enseignes colorées rythment la rue où les persiennes s'épouillent. Sur les trottoirs des amas de pneus, accumulés au pied d'anciens palais qui poudroient au sortir de la nuit. Le matin peine à se lever dans les klaxons et la mélopée. Façades, linges en suspension, hommes attablés, vie en différé.

Poussière, poussière…

Alexandrie, une splendeur pulvérisée. Tout cabossé, écaillé, les voitures, les façades, linges éraillés. Sur la place Saad-Zaghloul, face à l'hôtel, des visages de tous les types circulent. Un tel que je croise, me rappelle une figure parisienne, en plus basané. Calèches, piétons, automobiles se déploient autour de la statue de bronze, au centre de la place, vue de loin, c'est quelque Mussolini ou Staline en chéchia. Le soleil et le vent grignotent sans répit ; façades, linge, tout se délite. Au Musée, masques troués, poteries rompues par l'humidité, le temps. Destin de poussière. La ville s'effrite sensiblement et sous nos yeux, le tremblement du temps, noir, doré.

Sur la place Saad-Zaghloul, parmi la foule, voici que plus pâle, atténué comme un négatif, je vis mon père, me faisant un signe au passage, un sourire qui m'était dédié. À Alexandrie, quelques jours après la mort de Maier – sa mort a-t-elle libéré l'ancien ? – son visage aux tempes un peu dégarnies, des orbes creusés comme des golfes sur le front haut. Les cheveux clairs, plus qu'ils ne l'étaient, clairsemés, blanchis peut-être, et son sourire tendre, un peu usé. Il est là, je le vois, glissant parmi la foule. Ma pensée appelle enfin son image, entre nous l'échange complice du regard, lui souriant, sans inquiétude, un peu amusé.

Ne sois pas surprise, oui c'est moi, venu là pour te croiser. Ne cherche pas à me suivre. Nous nous verrons bientôt à nouveau. Là où tu vas, je ne sais où, je pourrai être.

Le père, fugitif et présent, visible, seulement un peu effacé, frotté du temps. Les écailles des façades tombent et les immeubles balafrés pendent parmi les linges dans la chaleur du matin qui monte.

Aux abords du théâtre antique, le visage des Sphinx s'écoule. Un relief dessine encore les cavités des yeux ou les lobes des oreilles, sinon le granit effondré se lisse, poli comme les têtes de Gilioli. Au fond des sarcophages, des yeux s'ouvrent, regards bistre peints sur la cire.

Ma pensée a trouvé son visage.

Je l'ai vu, je le verrai. Ce n'était pas un revenant comme Maier au regard de braise qu'on ne pouvait fixer longuement, baissant les yeux devant la trace brûlante laissée sur qui avait traversé l'enfer.

« Qu'au moins reste palpable la chance de le voir paraître. » Ce vœu écrit sans savoir quand je trouverais, et si même il y aurait rencontre. Il est venu, le bonheur de ce visage devenu présent. Pas une vision, un revenant, ni son portrait qui reste muet. Rien de cela, mais la pensée devenue image, la trace mouvante et visible du père.

Il a blondi. Blanchi peut-être dans les cachots du temps ? Un sourire esquissé, rien d'affirmé, de téméraire, un bref échange de complicité. Ma pensée l'a éveillé ; il est changé, vieilli, toujours tendre comme s'il m'avait accompagnée jusqu'ici dans le temps.

Un long voyage.

Je mesure le chemin accompli depuis les mots prononcés lors de la première séance sur le divan, il y a bien longtemps de cela ; c'était avant docteur Schwan, seul pharaon, quelques années après le retour de Maier dans ma vie, quand je perdis le sommeil, l'appétit brutalement, quinze kilos en deux semaines. Mon visage s'était piqueté de rouge, l'acné rosacée d'un nom charmant, une teigne qui me défigura plus d'un an.

Et ces mots, ces mots prononcés sur le divan quand je n'étais plus qu'un fantôme. Qui parla alors en mon nom ?

Sortant de la séance, il était tard le soir, l'analyste d'alors accumulait les retards, c'était sur l'arrière des remparts du château de Caen, où la drague des garçons commençait. Je dus m'asseoir sur le trottoir, entendant les mots que j'avais prononcés quand je disais ma faim permanente, d'enfant boulotte, toujours prête à manger à Aurion.

J'aurais voulu être décharnée, squelettique… et je le devenais en effet.

Les fantômes sont maléfiques, qui nous habitent à notre insu. Esprits malins cherchant un corps fait de mots, d'images. Et voilà que mon père m'avait fait un signe au passage. Un sourire indécis, frotté du temps, prêt à s'estomper. Au bout d'une vie, je l'avais recueilli, juste à temps.

Dans la Nouvelle Bibliothèque, au Musée, je contemple, en arrêt, les particules du papyrus de l'*Oreste* d'Euripide, sous verre. Un fragment troué, quelques lettres noires sur bistre tout au bord de la disparition, une résille pour araignée, une minuscule péninsule sauvée de la morsure du temps, la parole en quelques caractères agglutinés.

Ménélas voyant Oreste :

Quel est ce mort que j'aperçois ?
Tu dis vrai, le malheur me fait mourir vivant…
… Mon corps a disparu, le nom seul m'est resté.

Et du fond des palais, couloirs interminables du temps, le cri résonne jusqu'à nous, repris par Hamlet : *Mother, mother, mother…* quand il la cherche, l'interpelle pour la percer à jour dans son infamie.

La force de l'appel venu jusqu'à nous : *mother, mother, mother…*

Creuser en soi, extraire, rapprocher pour lire l'étrange écriture, les traces inscrites au vif de la chair, dans les cavernes des viscères. Exprimer quoi ? Un frisson, sur la peau la soie des caresses, un vouloir-être, écrit par des sensations primitives, des embryons, essors, élans, l'alphabet de textes à venir.

Son visage devenu visible, je le voyais. Toute une vie et davantage, j'ai poursuivi sans désarmer, à travers délire et massacre, pour les trouver, lui et Fanny – elle toujours écartée, silencieuse dans la tombe que je suis pour elle.

Résonner… éveiller l'écho.

Y parviendrai-je ? Le temps me poursuit, j'ai cinq ans, j'ai mille ans, je suis morte, je remonte à l'homme des cavernes. J'ai vécu un âge infini.

Et je marche, toute soulevée, dans le soleil et dans le vent, sur les trottoirs d'Alexandrie.

Les lettres du père

Ma vie, celle que j'ai vécue du moins, commence par un *black-out* au sens plein du terme. Biffée d'un coup l'enfant, derrière le noir total tombé sur le parvis de l'école maternelle à la sortie de midi un jour d'octobre. Était restée l'autre enfant en dessous comme un double décalé, perdu.

Un jour, les vies que vous n'avez pas vécues vous poursuivent, réclament leur part.

Parents partis en voyage… pas crédible. Elle s'est évanouie, l'enfant comme les parents, en un instant. Dans la suite des temps, jamais orpheline, en attente sans le savoir d'un retour, restée plantée là, à la sortie de l'école à midi. Jamais non plus adoptée au village où je fus cachée. Je me souviens, peu après mon arrivée, au printemps qui suivit l'octobre du temps, je parcourais la rue de la Paix pour faire valoir ma qualité de Parisienne, chantant *C'est la romance de Paris Au coin des rues elle fleurit* suscitant l'étonnement des habitants charmés :

— Elle est crâne tout de même, vu l'histoire qui est la sienne.

Et je devins comme la mascotte villageoise que

chacun voulait protéger. Moi, je voulais surtout plaire pour ne pas être rejetée.

Mes parents Jacques et Fanny étaient venus à plusieurs reprises de la banlieue parisienne, Argenteuil, s'arrêtant à cette halte du chemin de fer Paris-Le Mans. Face à la petite gare blanche, il y avait le café. Ils y furent accueillis et, vu l'amitié qui lia mon père et l'artisan, il lui fit promettre de venir me chercher, s'il arrivait quelque chose. Après les rafles de juillet au Vel' d'Hiv, nul besoin de préciser. Fin octobre l'appel vint et l'artisan se mit en route malgré les risques et les mises en garde. Je ne sais même pas qui l'appela, du père lui-même, arrêté après ma mère, ou d'un militant camarade.

Tout est resté dans l'ombre ou presque, même l'essentiel. L'artisan ne pouvait parler de cette histoire. L'émotion le submergeait, les larmes. On s'en tenait à la version parlée, *partis en voyage*, ensuite le silence ; il n'en fut plus question. Je ne reçus la nouvelle que de façon oblique, administrative, quand il fallut en 1946 faire les démarches de naturalisation pour devenir orpheline de guerre *pupille de la nation.* Entreprise indémêlable car il n'y avait nulle trace de mon père. Ma mère, on le savait, était restée un an à Auschwitz, jusqu'en novembre 1943. On avait les preuves et j'ai pu consulter sa fiche en double exemplaire dans le camp lors de mon premier voyage, cinquante ans après.

Le vivre de mes parents est inconnu de moi : leur jeunesse, leurs espoirs. Ce que j'en sais est presque totalement circonscrit à l'arrestation et au camp.

Série noire : Pithiviers, Beaune-la-Rolande, Drancy, Auschwitz-Birkenau. De cela, j'ai des preuves tangibles autant qu'il puisse y en avoir. De leur extermination.

En 1945, reprise par des cousins de ma mère qui avaient survécu cachés, je fus placée dans un orphelinat juif américain à Versailles où je pleurai tant qu'il fallut me renvoyer au village au bout d'un an. Je ne voulus dès lors plus rien savoir de ma famille, la vraie comme on dit, et perdis ainsi les années qui auraient permis de donner corps à Jacques et Fanny.

Quarante ans après, je suivais d'un doigt tremblant la liste des noms dans la première édition du Mémorial de la Déportation. C'est leur état civil le plus avéré, numéro et date de leur convoi à chacun avec une date de naissance incomplète et le lieu, Kosienice en Pologne. Arrêtés à quelques jours d'intervalle, rien n'est repérable pour mon père. Est-ce le militant qui veillait à laisser le moins de traces là où il passait? Pourquoi aucun signe pour le retrouver sauf ses écrits clandestins sortis de Beaune-la-Rolande et les deux cartes censurées de Drancy? Les Allemands laissaient partir sous tampon ces cartes d'adieu qui exprimaient l'espoir du retour ou le feignaient.

Pour qui cherchait à répondre, le message revenait avec la mention au crayon rouge : *Retour à l'envoyeur. Parti sans laisser d'adresse.*

À la fin des années quatre-vingt, je suis retournée à Argenteuil, la boutique du cordonnier n'existait plus depuis peu, maison démolie. Je n'ai pu revoir ni la cour avec son point d'eau qui sentait un peu le pourri, ni le balcon à ciel ouvert des alertes nocturnes. Rien n'a pu m'atteindre à nouveau de ce lieu clos où j'avais vécu. Disparu. La rue a changé de nom selon les régimes. Rue Saint-Germain d'abord, elle fut rebaptisée Henri-Barbusse sous le Front populaire. Cela devait convenir à mon père, très au fait de l'histoire française qu'il racontait aux clients du café de la gare.

Si on consulte les *dénombrements,* c'est ainsi qu'on appelait les recensements, en 1931 aucune mention de Jacques Wajsbord, mais il est là en 1936. Sous Pétain, comme il convient, la rue retrouva son nom de tradition.

Et la petite fille destinataire des paroles d'amour dans les lettres du père, à qui l'ensemble du dossier serait donné bien plus tard, quinze ans après ?

Il lui faudrait quarante années pour accéder à la lecture du dossier en sa possession. Ne pas approcher, enfouir et perdre jusqu'au souvenir. Un interdit brûlant à surmonter. Il reste à élucider.

De cet éloignement en effet il faut parler, dire le vécu de l'enfant, de la femme, tant d'années de dissimulation. Les lettres du père, longtemps confinées dans une absence-présence, comme le père lui-même, c'était la révélation pour moi impossible à affronter. Le réel porté par les mots. Je ne me souviens pas non plus du ton de l'artisan venu me chercher gare Montparnasse à Paris pour me sauver, quand il lisait à l'enfant les quelques petites lettres pour elle adressées par le père, message d'une vie disparue qui ne parvenait plus à aucun destinataire.

Je vais les retrouver, lire leur date, resituer les moments dans ma vie et ce qui restait encore alors de la sienne. Je ne me souviens de rien. Ni lecture ni émotion. Tel que je le connais – j'en parle au présent du souvenir – l'artisan devait être ému, des larmes dans la voix comme il l'était devant tout sentiment ou marque d'intelligence qui le touchait. Ému, gêné d'être là à la place du prisonnier dont bientôt cesseraient les nouvelles. La place de l'usurpateur, puis du mort. Quel inconfort !

J'étais figée, absente. L'enfant destinataire était morte.

J'avais dû recevoir aussi des jouets, un animal peut-être, de petits meubles de bois confectionnés par le prisonnier. Cela, oui, je le crois vrai, attesté par l'émotion qui m'a saisie devant les vitrines du Mémorial lors de l'exposition consacrée aux camps du Loiret. Un paquet de sanglots qui ne s'est pas dénoué au tréfonds. Remontant de quel temps ? D'aucun, de tous, l'immémorial en soi du naufrage de l'espérance la plus forte.

Le dossier a suivi le fil des ans, demeuré ignoré d'abord, il me fut remis à ma majorité, c'était vingt ans à l'époque, avec gravité. Je découvre à l'instant, en écrivant, toute la tendresse de l'artisan, qui ne s'exprimait pas en paroles. D'un naturel rugueux, facilement hérissé contre le dehors, il avait un sens souverain de la bonté et m'offrit en même temps que le dossier de souffrance une chevalière en or comme en avaient les jeunes filles de bonne famille. Une bague pour lier en moi les deux destinées. Entre celui qui m'adorait et l'homme venu me sauver, qui est le père ? Ni faux ni vrai, je le comprends trop tardivement, comme souvent ce qui est important et tient aux familles.

La petite fille adorée du courrier clandestin, pour elle deux courtes lettres en gros caractères, comme si c'était moi qui avais à les lire déjà. Lisais-je, à ce moment-là ? Il me semble que dans l'année qui suivit 1942, en janvier, dans la petite école du village, trois classes, un cursus que je parcourus jusqu'au bout, j'appris à lire dans la méthode Boscher. L'image des dernières pages, une clématite en couleurs qui retenait toute l'attention dans un ensemble en noir et blanc, comme l'était le monde à l'époque – neige en hiver, ciel de nuit, noir d'encre en toute saison – s'offrait en récompense pour les écoliers vainqueurs du périple, capables d'énoncer avec clarté, clé-ma-ti-te.

« Bien travailler à l'école » pour que la maîtresse et les gardiens de l'enfant soient contents. C'est ce que je fis, première en tout, puériculture et catéchisme compris. L'année de la communion solennelle, avec une robe prêtée, trop courte, je ne fus pas jugée digne de dire le compliment à l'évêque selon la coutume établie. Ni dentelles ni anglaises blondes, sans ancêtres au pays de Jean Chouan. Ce fut une autre, mieux conformée, que j'aurais par ailleurs voulu être. Elle n'était pas de la Laïque. Ce choix m'éclaira pour la suite sur la justice évangélique.

Suivirent les internats du collège et du lycée au chef-lieu du département. Longue suite des internats de jeunes filles, soupçonneux, étriqués. J'y faisais entrer en fraude Hollywood pour subsister ; des récits rapportés du cinéma le samedi soir au village. Clark Gable et Scarlett O'Hara.

*

Étudiante, dans les batailles que j'eus à mener, concours, flirts à la portion congrue, sécurité, aucune place pour le dossier. Chambres minuscules à partager, boulevard Saint-Michel à Paris. C'était l'année de la Hongrie. Avec Elizabeth échappée au massacre, en face à face à se toucher, les mètres carrés dévolus étaient rares. À deux on ne pouvait qu'être couchées, chacune dans sa couchette. Comme dans un wagon de nuit si j'y pense. Travail dans les cafés, bibliothèques encombrées, livres poussiéreux, compulsés par les maîtres de nos maîtres. Vie ensommeillée pour oublier.

Aucune place non plus pour les photos, deux portraits ou plutôt pour mon père, une photo d'un groupe, centrée autour de lui, camarades politiques ou famille ? Les deux sans doute. Pour ma mère – deux bustes en face à face, deux jeunes femmes d'Europe centrale, elle, un visage d'absente magnifique, les yeux étirés, le cou avec noblesse sort d'un blouson au tissu grossier. Les cheveux courts, taillés à la garçonne, dégagent un ovale parfait. Une femme libérée ? Les yeux ne regardent personne, surtout pas moi. Comment affronter des proches sans regard, mon père et ma mère, sans yeux pour moi ? Je les cache, je les ai cachés tant d'années. Effroi de ne pas se sentir regardée par qui vous a fait naître. Ou bien est-ce moi qui ne les voyais pas ?

Quand mes parents vinrent de rares fois au village où je fus cachée après leur arrestation, on m'a parlé de leur couple descendant la rue de la Paix depuis la petite gare blanche. Les yeux somptueux de ma mère étaient fardés, m'a dit la jeune villageoise de l'époque qui se souvenait de leur arrivée. Le regard bleu ravivé, personne ou presque ne le faisait, pas même la courtisane, réfugiée au terme de sa splendeur dans une maison minuscule du quartier de la gare. L'éclat bleu des yeux étrangers ! *Forget me not.*

Les photos ne parlent pas, ni les mots du dossier qui sont comme des talismans maléfiques. À Florence, l'Hôpital des enfants abandonnés – *dei innocenti* – renferme des archives saisissantes, de petites boîtes parallélépipèdes en carton jauni par les ans. Comme de minuscules cercueils pour ces enfants rejetés sitôt que nés. Quel est leur secret ? La mère, coupable infortunée, laissait un signe de reconnaissance. Sait-on jamais ? Un bout de tissu, de papier, une médaille dont elle gardait la moitié. Les petits cercueils renferment l'autre moitié, destinée peut-être à se compléter. Ainsi de moi qui n'avais pas la réponse magique à l'amour qui m'avait entourée dans l'abandon.

Longtemps après ce temps d'étude, le passé s'est mis à me dévorer. C'était au sommet de la courbe, un parcours professionnel hors pair, professeur en classe préparatoires littéraires, puis chargée des grands projets de François Mitterrand à l'Élysée. J'y étais enfin entrée, dans les jardins élyséens dont on rêve sous diverses formes, Mille et Une Nuits ou Belle au Bois dormant à son éveil. Le pouvoir, le vrai, enfin atteint après l'épreuve du temps. Plus rien à espérer, rien devant pour vous dresser à poursuivre. Qu'espérer de plus ? Mettre le pied à l'Élysée pourtant ne suffit pourtant à être sauvée. Reste le passé. Malaises à répétition dans le succès, la séduction, vagues à l'âme selon l'expression, qui est celui d'un corps plutôt ne sachant plus où ni comment exister. Dépressions et à la fin il faut s'empoigner. L'impossibilité de vivre à proprement parler dura un an, ensuite je dus entamer l'apprentissage à petits pas de l'histoire perdue pour me réincarner. Tout épeler à neuf.

Creuser pour trouver ma naissance enfouie, renoncer au dressage d'ambition, de volonté qui m'avait fouettée tant d'années. Il me semble me souvenir encore du jour pas si lointain, où la vie s'est soudain rétrécie comme si le peu qui en restait ne valait plus. Quand le temps s'égrène au lieu de se déployer tel un étendard au vent, le logis devient exigu. Est-ce le sentiment druidique que le ciel va vous tomber sur la tête ? En moi depuis toujours de nombreuses rêveries du ciel, terrifiant sauf dans sa transparence normande, fluide.

Le repli dans la maison normande à la mer ces dernières années, son espace clos et fleuri sous la glycine et les lilas, me permet de goûter à nouveau la durée, fait naître le désir d'écriture. Avant d'avoir écrit, la masse de phrases émergées du « sublime » qui vous empoigne semble énorme, comme une vague qui se dresse très haut devant vous sans vous emporter. Quelque chose de chaleureux et d'inépuisable à nouveau, même si la vie s'est rétrécie sous les douleurs des articulations et l'évidence du temps quasi fini. Le quasi a bien des douceurs.

*

K, *La Lettre au père*.

À qui s'adresser quand l'affaissement généralisé se produit ? Y avait-il pour moi une instance capable de me prendre en charge ? J'en étais venue à mendier mon existence au tout-venant. Mon identité ne durait que le temps d'une conversation avec autrui, d'un petit plaisir qui m'était fait, un déjeuner partagé. Si plus rien ne me maintenait dans la position de répondre *moi*, au-dedans tout vacillait et j'avais la terreur de retomber dans la solitude, errante parmi les figures. Face à qui ? Y avait-il un je ou, à défaut, un moi caché après une disparition ? Non ! Sans assises, j'avais perdu la petite fille garante de la vie perdue qui donnait son fondement à l'autre, la vie empruntée. Tout dialogue au-dehors, au-dedans cessa et je ne fus bientôt qu'une masse amorphe étendue dans la chambre noire. Seule la mesure d'un temps immobile, mécanique, instant après instant. Incapable de parler, de lire, de penser, encore moins d'imaginer. Dissoute dans l'écoulement du temps.

Moins qu'une initiale, W, une absence. Comme K, l'identité anonyme, réduite. Ainsi des têtes jivaros.

Quand je lus la première fois le texte de Kafka, à mes débuts de jeune enseignante, je demeurai frappée de stupeur par la force incommensurable du texte, un monument, et en même temps je fus incapable d'en retirer une seule idée. Choc mémorable, sans pensée. Comme dans les quelques lectures que je pus faire des lettres de mon père en ma possession à l'âge de vingt ans. Aucun souvenir, rien à en tirer sinon l'effroi de les avoir là. *Cendre et braise.* L'essentiel de notre expérience nécessite d'être répété pour être vécu.

La Lettre au père est écrite quatre ans avant la mort de Kafka, en 1919, au sortir d'une guerre qui ne semble pas avoir marqué l'auteur plus que cela – dans son journal, à la date de la déclaration, il écrit : *Suis allé nager à la piscine,* sport auquel il aimait s'adonner dans l'eau glacée.

Aujourd'hui, relisant sans tout le fracas intérieur d'autrefois, je comprends pourquoi je ne pouvais rien entendre d'une lettre qui ne m'était pas adressée, et pourtant si. Au fil d'une très longue lettre, celle d'une vie qui veut s'expliquer totalement comme elle n'a jamais pu le faire, l'auteur se débat, s'entortille entre deux personnes, le père et lui, l'enfant qu'il fut, dans un acte de pénétration psychologique d'une rigueur quasi mathématique. À la fin on s'y perd entre les deux interlocuteurs du dialogue, qui parle, qui est qui ?

L'enfant qu'il fut ne put jamais s'exprimer en face du père omniprésent, puissant comme un dieu, ou un monstre, incapable de prêter l'oreille à son fils – le moins pour un éducateur paternel. Mais paternel il ne le fut jamais avec aucun de ses enfants, réduisant celui qui n'avait pas la force de la révolte, à un fantôme. L'ogre face aux petits. La disproportion des interlocuteurs s'exprime en termes physiques. C'est un conte terrible. Pour le père, le gigantisme, l'énormité, face au microbe, au ver de terre qui rampe. Comme si l'auteur voyait les scènes du passé avec une loupe grossissante ou un microscope selon chacun des personnages. Sans disposer de la parole, il avait peu à espérer. Il devint ainsi un être voué à ne jamais se réaliser à cause d'une présence qui surplombe et écrase *à la manière du ver de terre qui, le derrière écrasé par un pied s'aide du devant de son corps pour se dégager et se traîner à l'écart*

À l'inverse, j'étais moi, l'enfant surplombée par une absence, celle du père jamais venu me chercher à la sortie de l'école un jour d'octobre, comme il le faisait toujours, ne laissant à personne le soin de recueillir son enfant adorée. Disparu, sans un baiser, sans un adieu. *Parti en voyage* selon la femme inconnue et brusque venue me chercher. Et je restai quelque part plantée à l'attendre.

Aucun dialogue pour interroger la disparition dans la suite des années. Sujet tabou, recouvert d'un énorme rocher de silence. L'artisan était encore plus empêché. J'avais su instantanément, sans arguments, ni formulations, su par instinct, dès le premier instant, que j'étais livrée à moi-même, sans recours. Solitude et volonté aidant. Toute mobilisée par l'instant à venir, découvrant à chaque pas un monde ignoré, désormais le mien, dont je n'avais pas les clés. Réduite à une vie sans assises, pleine d'irréalité dans ses succès. Qui était moi dans tout cela ? Fictive infiniment, même en m'efforçant de répondre présent.

Chez Kafka la souveraineté du père était sa présence non maîtrisée, et pour moi, son absence qui faisait de ma vie entière un mensonge ou une attente.

Quand il fallut tout reprendre de zéro... plus bas que terre le vermisseau au lieu de l'impétueuse, impavide écolière qui dévorait livres et années scolaires. Je ne me traînais pas à terre mais suis restée quelques mois ou semaines – ce temps-là ne se compte pas – dans le noir, étendue sans désir, sans pensée, à peine la respiration et surtout le tic-tac de chaque instant quand la minute s'étend, dure interminablement.

Où trouver la langue nouvelle ? Dans quel livre ? Il me faut ici citer les sources d'un autre alphabet. Ce ne sera pas une longue liste : le livre de la Déportation des Juifs de France, le fichier d'Auschwitz et le Mur des Noms au Mémorial de la Shoah.

Dans le livre de Serge Klarsfeld sous sa forme d'origine, un épais cahier cartonné qui me fut donné par une amie, j'ai cherché les derniers signes de leur vie, comme l'attestation qu'ils avaient vécue, le cœur battant au galop. Mon doigt hésite sur les listes serrées, les orthographes incertaines. Je savais la date du convoi par la dernière carte de mon père, *10 février 1943*

Demain le 11 nous partons !
Destination inconnue !!!
J'ai du courage et de l'Espoir
J'ai confiance en vous qui ferez tous votre devoir.

Le lieu commun face à quoi toute écriture pâlit. Comment écrire après Auschwitz ? Non, plutôt comment écrire sans la trace d'Auschwitz ?

Lieu commun fécond où tous les espoirs humains se retrouvent, où la crainte se dit sous l'affirmation, comme un dernier tissu de lin pour envelopper la mort, l'angoisse de la sentir approcher.

Lors de mon premier voyage à Auschwitz avec de jeunes professeurs européens enseignant la Shoah, je passai du temps à compulser le fichier des déportés avec l'aide de Lawrence, un enseignant américain alors en poste à Jérusalem. Il me fallait trouver la fiche de mon père dont on n'avait eu aucun renseignement, si bien qu'après la guerre il fut très difficile pour moi de réintégrer la nationalité française, de me faire reconnaître orpheline. La prévoyance de l'artisan joua là encore, sa conscience de mon destin si j'étais reconnue orpheline et pupille de la nation. Pupille, quel mot rayonnant !

Fichier repris maintes et maintes fois sans rien d'approchant au nom du père, des fiches répétées, des dates tronquées ou absentes, des orthographes distinctes pour une même identité. Pour lui, rien. Deux fiches pour ma mère, et il me fallut à la fin fermer le fichier, un cercueil vide, et renoncer. Je voulais tellement le trouver dans cet alphabet chaotique, désarticulé !

Le Mur des Noms enfin, longue lamentation silencieuse dans un rituel devenu muet mais porté par la tradition. La succession selon les dates, des familles entières, les enfants, le rappel de générations, de dynasties, un monde fracassé, biblique dans son histoire abolie. Du légendaire négatif, la destruction due aux hommes et pas au temps. La vie fourmillante des bourgs d'Europe centrale, les familles impériales sous Guillaume II à Berlin, dans les grandes cités d'Allemagne et à Vienne. Des vies, des objets, des itinéraires, les amours des militants audacieux avec les belles Juives aux pommettes hautes. La grille du cimetière de Tarnow aujourd'hui au musée de l'Holocauste à Washington, on s'y accoudait le soir entre jeunes, m'a dit ma cousine Ann qui venait de là et avait traversé Auschwitz.

Cousine perdue, ignorée de moi, qui me retrouva vingt ans après.

J'avais à reprendre le chemin.

Sur la chemise de carton pâli qui enferme la correspondance du père, l'artisan a écrit de sa fine écriture violette, comme celle d'un maître d'école, mon prénom et une mention barrant la couverture : *À ne se dessaisir en aucun cas.* Le dossier préservé et interdit.

Avant de l'ouvrir pour réellement le lire, j'ai dû faire de nombreuses tentatives. Vite ajournées, les lignes, les caractères me brûlaient. Braise et cendre. Seule la dernière carte du père, au crayon, s'était imposée comme un court poème, appris sitôt que lu. Dernier message imprimé en moi dans son urgence au crayon. Destination inconnue, voie sans issue. *Exit* le fantôme.

La dernière carte, il me semble que je l'ai toujours sue. D'une mémoire autre, celle du corps qui ne se laisse pas domestiquer. Un patrimoine génétique inscrit dans mes veines, qui battaient au rythme des saisons et des transports, de novembre à février. Le calendrier des arrestations, du départ sans retour pour la mère et le père, s'est renforcé du rituel des saisons de la religion, si présent au village. Novembre le temps des saints et des morts unis. La victoire du 11 novembre ne change rien à la couleur funéraire d'immense boucherie. Statues enrobées de violet, glas du soir quand la nuit commence à tomber. Deuil voilé. Et février, temps du carême, de la privation, avant mort et résurrection. Les mois et les jours ont une couleur, une sonorité et le 10 février, sans que j'aie à penser aux derniers mots écrits, m'a chaque année terrassée. Un vertige et la nausée. Une défaillance vitale. Je ne puis.

Les lettres du père tiennent en une mince liasse de feuillets aux bords roussis, déchirés. Différents formats selon le papier disponible. Pour moi, encore aujourd'hui quand j'ai décidé de les lire, plus difficiles à franchir qu'un Sinaï. Il faut bloquer la respiration et partir. Chaque fois de minces découvertes, des faits qui avaient échappé. On distingue ce qui vient du camp de Beaune-la-Rolande des messages de Drancy, tous au crayon comme si l'écriture était en ce dernier lieu désarmée et précaire. Le crayon s'est effacé au fil des ans, pas les mots, profondément imprimés en moi, ni les timbres, ni les tampons. Affranchies à 1,20 F à l'effigie brune du maréchal Pétain en képi, *postes françaises*. Cachet de la censure en violet, l'encre a persisté dans son éclat. *Camp d'internement de Drancy, bureau de la censure*. Et au centre du cercle : *préfecture de police*. Tout y est. Tous les sacrements de la concentration.

La première carte du 10 novembre vient de ma mère. C'est le seul témoignage écrit que je possède.

Le destinataire est le teinturier qui faisait office de concierge pour le petit immeuble à deux boutiques, la sienne et celle de mon père. Je me souviens d'un regard perçant derrière des lunettes cerclées d'argent. L'œil un peu louche. Sans doute était-il irrité par l'enfant insupportable, trop gâtée, et le regard sans aménité m'est resté. Un œil rond, métallique.

J'ai découvert aux Archives en ouvrant le dossier d'aryanisation de la boutique du cordonnier, 7, rue Saint-Germain à Argenteuil, qu'il en avait été nommé l'administrateur. Il n'y avait rien à en tirer comme profit pourtant. Un bout de cuir peut-être. Mon père le recommande du camp. Il voulait m'en faire des bottes de sept lieues pour l'hiver et se lamente de le perdre dans l'éloignement où il se trouve.

Arrêtée le 27 octobre, ma mère a été aussitôt enfermée à Drancy, quelques jours seulement avant le départ. Même si elle l'écrit, elle maîtrise beaucoup moins bien la langue française que lui. La solitude, *aucune nouvelle de personne, j'ai un très bon moral, j'espère revenir bientôt.*

Elle pense à Jacques et à sa petite sœur Hélène. Est-ce moi ? Pourquoi ce mot de sœur ? Est-ce une erreur ou la volonté de dissimuler ? Elle se soucie de l'anniversaire, *c'est le 20 novembre.* Autre mystère, s'il s'agit de moi, la date officielle à l'état civil est le 19, mais une photo du bébé étendu gentiment sur la fourrure, comme on faisait à l'époque, la tête bien dressée, signe d'éveil, porte manuscrite à la plume la date du 20. S'ajoutant au problème du nom, de sa transcription, l'ambiguïté de la date accroît l'incertitude d'identité ? Qui suis-je ainsi écartelée, entre les familles, les lieux, les dates ? Quelqu'un de si tremblé au départ que l'existence fut largement un tremblement si je regarde en arrière.

À quinze jours de distance, mon père écrit aussi aux Thévenot le 26 novembre. Le feuillet plié, roussi, mince pellicule, porte le tampon de la censure. Cette première fois, il n'a pas cherché à lui échapper. Remerciements pour lettre et colis.

Étaient-ils bons ou bien méchants ?

Tout est obscur, on s'y perd à vouloir distinguer. En attente de l'hiver, il demande un équipement, brodequins, combinaison de travail, pardessus, chaussettes, mouchoirs, brosse à dents. De quoi faire son installation. Il ne partira de fait que le 11 février. On apprend la liste des nourritures permises, *ni biscottes, ni sucres, ni pains d'épices* mais *des confitures faites à la maison, gâteaux également faits à la maison.* Il y a des noms d'amis à prévenir, tant de pistes que je n'ai pu suivre quand il en était temps encore.

La correspondance des mois suivants, c'est tout autre chose : de longues lettres échappant au protocole du camp grâce à la femme « aryenne » d'un camarade qui rend visite à son mari chaque dimanche. Il écrit au village, y espère l'enfant. Dimanches de joie ou d'abattement selon les nouvelles, ils n'iront pas jusqu'au printemps. Le 5 décembre il vient d'apprendre l'arrestation de Fagja. *Ainsi donc le malheur s'est abattu sur notre tête et nous frappe avec une terrible cruauté !* La faim s'introduit, s'insinue partout dans les lettres sous forme d'énumérations délectables qui aiguisent encore l'appétit, et d'excuses de réclamer ainsi sans vergogne.

Quelques jours avant Noël, c'est le plus beau cadeau pour le père, le salut de son enfant, arrivée à terme dans l'abri villageois qu'il connaît. Lettre tout exclamative dans la tradition lyrique des écrivains révolutionnaires du siècle précédent. Où a-t-il appris à manier avec une telle facilité la langue ? Cela reste pour moi un mystère. Il n'était pas dans sa Pologne natale le fils d'un aristocrate à qui il revenait d'apprendre d'abord le français, mais celui d'un boucher juif à la tête d'une nombreuse famille.

Enfermé !!! Dans cette enceinte entourée de fil barbelé, où gémit la souffrance, et où on patauge dans les drames, et où on heurte à chaque pas une tragédie plus grande et plus douloureuse que la nôtre !

Je promène dans ma nostalgie et les regrets le rayon de soleil qui réchauffe mon cœur transi en murmurant à tous les échos : ma fille est sauvée !! sauvée et en sécurité !!!

Et c'est à vous que je le dois !!!

Dans la débauche d'émotion se mêlent à la joie immense du salut pour qui prolonge votre vie – un avenir plus cher que le présent – la reconnaissance, la solidarité et la conscience critique du militant pour remettre à sa juste place l'individu.

Ainsi va la vie du camp de souffrance en réconfort mais plus fort, de plus en plus, la faim, la requête de vie pour soi aussi

J'ai passé une vie à m'exercer à des lectures compliquées, enchanteresses, attribuant à la littérature dans sa plus haute expression une valeur sacrée, dont on dit chaque jour qu'elle l'a perdue aujourd'hui. De fait, le sacré au sens premier était là, dans ces minces feuillets roussis, presque diaphanes. Je m'en écartais. On ne peut en effet pénétrer dans l'enclos délimité qui est le temple.

Enclos sacré ou bouche de ténèbres, il terrifie. Chercher le moyen d'entrer en contact avec l'invisible et de faire apparaître le visage des disparus exige un courage hors du commun. Les épopées antiques impliquent toujours une descente aux Enfers du héros pour qu'il soit reconnu comme tel, médiateur entre les vivants et les morts.

Le chant VI de l'*Énéide* reste une métaphore si vive de ce que nous avons vécu, nous les enfants des disparus ! Dans sa simple traduction littérale, le rythme poétique s'impose comme si la prose était scandée. Énée doit descendre aux Enfers pour y revoir son vieux père avant une nouvelle fondation de Troie abolie. Ailleurs.

Il s'avance dans la nuit d'épouvante, à la suite de la Sybille, son épée dégainée pour écarter les ombres silencieuses multipliées autour de lui, des vies ténues sans corps. À l'arrivée au bord du fleuve, la foule est encore plus serrée. Les morts sans sépulture se pressent en masse pour grimper dans la barque de Charon qui les repousse. Il leur est interdit d'y prendre place avant un long cycle d'errances.

Impossible de passer ces bords

Avant que leurs os n'aient reposé dans une demeure...

Immense vagissement, les âmes des nouveau-nés qui pleurent

Disparus avant la saison de la tombe.

À Birkenau, le petit rond d'eau, le lac des cendres gelé en hiver.

La barque ploie quand Énée y monte pour aborder à l'autre rive

Au-delà du fleuve, une boue informe, une herbe sans couleur.

Dans le Champ des Pleurs voués aux amants, il rencontre Didon, sombre, farouche, yeux baissés. *Je n'ai pu croire que mon départ te portait à si grande douleur.*

Le silence. Elle reste de marbre, le regard détourné, malgré l'aveu d'amour toujours présent chez celui qui doit obéir aux dieux sans revendiquer le bonheur. *C'est la dernière fois qu'il m'est donné de te parler.* Rien, elle s'enfuit dans le bois plein d'ombre. Mourir de ne pas répondre, de ne pas savoir répondre à qui vous hante dans le secret.

Énée poursuit, cherchant son père qui l'aperçoit d'abord

Tu es enfin venu

Ta piété a triomphé des duretés de la route

Il m'est donné de voir ton visage.

Le fils se précipite pour une étreinte, trois fois il tente de lui jeter les bras autour du cou. La forme échappe *pareille aux vents, à l'envol du sommeil.*

Quand me sera-t-il donné de voir leur visage, que leur image fixée par l'objectif s'anime pour moi ? Ils me regardent et veillent aujourd'hui au terme de mon voyage hivernal qui ne m'a pas fait quitter la terre.

La piété filiale est source de vie. Non injonction mais fidélité à ce que chacun est au plus profond :

le rejeton de tant d'ancêtres et d'histoires. Rejeton : la pousse qui apparaît au pied d'une plante selon Larousse. Une poursuite végétale de la vie des familles, leur survie. Lors du siècle précédent, menacée par les pogroms et les exils, la survie courut son plus grand risque dans les chambres à gaz.

La page uniforme, immense de Birkenau avec ses lignes étirées de baraquements répétés et ses marges de barbelés, de miradors, il faudrait la recouvrir de milliers, de millions de feuillets pour bien lire les correspondances de tous ceux qui échouèrent ici où rien ne correspond. J'y ai passé, seule, quelques heures un après-midi de novembre, sous le ciel blanc le soleil d'amiante. Plaine abrutie, le froid engourdit et monte des jambes au torse. Ni sentiments, ni mots à opposer pour désigner ce qui reste sans nom. Aphasique et congelée je fus un mammouth pris dans les glaces et conservé loin de toute ère d'humanité.

Avançant jusqu'au bâtiment où se prenaient les douches. Incapable de penser aux instants terminaux ; à ma mère qui ne savait pas que j'étais sauvée. Je voudrais croire que ce fut la dernière pensée de mon père.

Le voyage épique d'Énée nous parle toujours. Après dix siècles, il est un héros bien différent d'Ulysse qui revient dans son île, massacre les prétendants dévastateurs, nettoie la porcherie d'un tel gâchis, à nouveau resplendissant de force et de jeunesse retrouvées. Le conte merveilleux abolit le temps. Chez Virgile il en va autrement. Les dieux sont absents ou presque, l'homme est agi par eux. Et Énée ne s'imprime pas dans la mémoire collective désireuse d'absolu et de rêve. Il est précieux pourtant, première incarnation du grand fléchissement mélancolique qui saisira l'Occident. Il lui revient à lui de fonder un autre empire, une autre ère et de vivre. Vivre.

Lettres du prisonnier

Novembre 1942 - février 1943
Beaune-la-Rolande / Drancy

Le 26 nov. 1942

Chère Madame, cher Monsieur Théveneau

J'ai bien reçu votre gentille lettre et je vous remercie très sincèrement. J'ai reçu également le colis. À l'avenir veuillez ne plus m'envoyer ni biscottes, ni sucres, ni pains d'épices, ni conserves qui sont interdits ; mais j'ai le droit de recevoir des fruits, des confitures faites à la maison, gâteaux également faits à la maison.

Je n'ai pas très bien compris ce que vous avez voulu me dire concernant Mme Epifanny. Or quand je suis parti elle était à Sannois ; je voudrais savoir si elle est revenue habiter à Argenteuil ?

Je suis curieux également de savoir comment va la petite Hélène et si elle est chez son oncle ?

Je vous serais très obligé de bien vouloir me répondre de suite surtout que j'attends avec impatience de votre gentillesse de me faire parvenir la paire de chaussures brodequins, la combinaison bleu de travail, le pardessus, quelques mouchoirs, le pull-over, une paire de chaussettes laine et la paire de gants de cuir, une brosse à dents et un morceau de savon.

Vous pouvez m'expédier de suite sans attendre la fiche que je remettrai à la réception du colis.

Vous pouvez mettre le tout dans le même colis en ajoutant si possible 3 à 4 kg de Pommes de terre cuites à l'eau ou au four ainsi que des haricots <u>cuits</u> que vous pouvez mettre dans un carton, et le tout dans un sac et si possible quelques oignons, un pâté de lapin ou de poulet qui sont autorisés.

Veuillez demander à Madeleine si elle a reçu ma lettre.

Encore une fois excusez-moi du dérangement que je vous cause, et j'espère pouvoir un jour vous remercier moi-même.

Dans l'attente, veuillez agréer, chère Madame et cher Monsieur mes sincères salutations.

Votre dévoué
Jacques Wajsbard

La lettre est tamponnée du bureau de la censure à Beaune-la-Rolande.

Mon cher Marcel

J'espère qu'à l'heure actuelle vous avez reçu ma longue lettre.

Aujourd'hui je reçois une lettre de M. Thevenon et je crois de mon devoir de vous en parler pour vous mettre au courant de ce qui se passe, et pour vous prier d'intervenir si vous le pouvez pour m'aider dans cette circonstance. Voici ce dont il s'agit :

Thevenon m'annonce que la boutique à Madeleine, l'épicière, avait d'abord été fermée, vu que son père est mort. Or aujourd'hui, il m'apprend que la boutique est réouverte par l'ancien propriétaire...

Or comme vous le savez déjà j'avais disposé chez elle le lot de marchandises que vous avez été au courant... Je suis donc très inquiet pour cette marchandise, ne sachant pas ce qu'elle est devenue.

Je viens vous demander s'il vous serait possible de vous déranger pour aller sur place à Argenteuil vous informer ce qu'est devenue cette marchandise.

Mme Thevenon ne doit pas être au courant, mais par elle vous apprendrez où habite Angelo, lequel sait bien ce qui s'est passé et qui vous mettra au courant de tout ce qui est utile de savoir à ce sujet.

Il vous dira probablement ce qu'est devenue la famille Madeleine Daix.

Si vous ne pourrez trouver ni rencontrer Angelo, vous pourrez vous adresser à Mme Colérat, coin Rue Hotel Dieu et Blvd Heloïse = café et là vous apprendrez également tout ce qui concerne la famille Madeleine Daix ou Angelo.

Vous comprenez, cher Marcel, qu'il y a un intérêt majeur à essayer de sauver cette marchandise qui représente une petite fortune à l'heure actuelle et qui pourrait servir à éduquer et à élever ma petite fille.

Si vous retrouvez la marchandise, faites tout votre possible soit pour la mettre en sécurité à votre disposition, soit pour l'emporter ou faire expédier chez vous.

Excusez-moi, mon cher Marcel, de vous charger d'une telle corvée, mais je n'ai personne à qui m'adresser.

Je viens également de recevoir le colis contenant un saucisson, 500 g beurre et un fromage. Est-ce exact ?

Je t'en remercie du fond de mon cœur et nous allons pouvoir, Jacques et moi, améliorer un peu l'ordinaire…

Je profite pour te demander si on t'a expédié le lors de mon départ.

Ma santé est bonne, ainsi de celle de mes amis Jacques et sa sœur et j'espère qu'il en est de même chez vous, et là-dessus, je vous quitte très chers amis en vous souhaitant une bonne fête.

Embrassez pour moi ta femme ainsi que Michel et ma petite chérie.

Ton dévoué
Jacques

PS En aucun cas, à mon avis, il ne faut pas écrire à Argenteuil au sujet de cette affaire au cas où tu ne pourrais te déranger

---

Le 5 déc 1942

Mes Chers Amis

C'est aujourd'hui seulement que je viens d'apprendre la triste nouvelle concernant ma femme !

Ainsi donc le malheur s'est abattu sur notre tête et nous frappe avec une terrible cruauté !

Moi je suis interné ici depuis 6 semaines. Et ma seule et unique consolation est que ma petite Hélène est saine et sauve et entre vos mains !

N'ayez aucune crainte je suis arrivé à pouvoir écrire cette lettre et vous l'envoyer par l'intermédiaire de la femme d'un camarade aussi interné. Comme elle habite pas loin du camp, et aryenne elle vient le voir presque chaque dimanche. Elle se charge de vous envoyer cette lettre et est d'accord à ce que vous m'adressiez la réponse chez elle et elle me la remettra lors de sa visite à son mari.

Je viens donc vous prier mes chers amis de me dire par retour comment va ma petite fillette; et vous avez peut-être pu avoir des détails concernant ma pauvre femme, et ce qui se passe chez vous.

J'ai été jusqu'ici très inquiet car je n'avais aucune nouvelle de personne. Et vous devez comprendre que j'attends votre réponse avec une grande impatience.

En ce qui me concerne, je puis vous dire que la vie du camp est dure à supporter pour les gens qui étaient libres comme nous, et qu'il faut se soumettre.

La nourriture surtout est mauvaise et surtout insuffisante (Rutabaga à tous les repas et 200 g de pain par jour) Aussi on se promène avec la faim dans les entrailles.

Je travaille dans mon métier. Mais mon moral est très bon et je m'efforce de ne pas trop penser à mon malheur, à la ruine de mon foyer. Je veux vivre avec l'espoir qu'un jour prochain nous nous reverrons tous!...

Si j'osais je vous demanderais de me faire parvenir un colis de ravitaillement, surtout beurre fromage saucisson viandes de toutes sortes et même du pain et des œufs. Les viandes doivent être cuites.

Mais j'espère que cela ne vous occasionnera pas trop de dérangement. Si vous éprouvez trop de difficultés, j'aimerais mieux que vous vous absteniez afin que la petite n'en souffre pas!

De la façon que nous procédons vous n'avez rien à craindre car dans le camp vous ne figurez pas comme correspondant.

Et ensuite nous verrons comment agir. Vous

pouvez donc me dire tout franchement ce que vous savez et ce que vous voulez me dire.

Mon ami Jacques le tailleur que vous avez connu le dernier dimanche et sa sœur sont également avec moi.

Il ne me reste qu'à vous remercier tous du dérangement que je vous cause et j'espère recevoir de vous une réponse rapide, et en attendant je vous embrasse fraternellement ainsi que toute la famille et ma petite Hélène.

Jacques

Mon ami le tailleur me charge de vous transmettre ainsi que sa sœur ses meilleures salutations.

Voici le nom et l'adresse à qui vous devez adresser lettres et colis

Mme Weinberg
À Baccon
Loiret

COMMENTAIRE

Ces trois premières lettres du 26 novembre au 5 décembre 1942, sont adressées, la première aux gardiens de l'immeuble d'Argenteuil, le couple Théveneau ou Thevenon, et deux à l'artisan du village d'Évron, dont l'une n'est pas datée.

Elles appartiennent à la même famille par leur format de demi-page 13/21 et l'écriture à l'encre noire.

Ce sont les lettres de l'installation, si l'on peut s'exprimer ainsi. Le prisonnier demande des vêtements conformes à la saison et au travail – il exerce son métier de cordonnier –, des objets de toilette. Il met en place des protocoles de correspondance avec l'artisan, Marcel Médée. C'est le plus important. La clandestinité est possible, il explique précisément comment.

On constate une grande prudence dans les questions aux Théveneau, la petite Hélène est-elle chez son oncle ?

Qui est désigné sous le nom de Mme Epifanny ? S'agit-il de ma mère dont le prénom est Fanny ?

Dans ces premiers temps de la concentration, les problèmes matériels restent très importants. Le stock de cuir mis à l'abri dans une boutique amie, fait l'objet de toute une lettre ou presque à l'artisan, déjà venu à Argenteuil pour sauver l'enfant en courant un grand péril. Il y a beaucoup d'illusions sur la valeur de la marchandise et pas de quoi élever l'enfant comme il est dit. De cela l'artisan avait pu me parler plus tard.

L'écriture court d'une traite sur le papier. Mon père ne semble avoir aucune difficulté à s'exprimer en français, je n'ai rien corrigé, remplacé quelques abréviations seulement pour la facilité de lecture.

Les longues phrases articulées en énumérations successives témoignent de la hâte de s'exprimer et de questionner. Quant aux nourritures, l'énumération les constitue en syntagmes tout d'une pièce : *beurre fromage saucisson viandes de toutes sortes.* Longue litanie qui commence.

Il y a là confirmation que mon père n'était pas religieux, qu'il avait la prudence et le sens de l'organisation d'un militant.

Les archives de Seine et Oise à Versailles signalent la rafle des juifs d'origine étrangère et des enfants à la date du 27 octobre 1942. Une liste de la police d'État en est le support. Le nom de ma mère Wajsbard Fagja y figure.

Au camp mon père se retrouve avec le petit cercle de ses amis proches, Jacques le tailleur et sa sœur qui avaient rencontré, comme il l'écrit, l'artisan et sa femme lors d'une venue antérieure à la catastrophe. Le malheur tyrannique s'abat, un petit monde est emprisonné et les systèmes fragiles que les immigrés ont construits s'écroulent. Dans ce désastre, l'ami le plus sûr est un presque étranger, connu depuis peu et à qui mon père est conduit à faire totalement confiance. Son instinct était sûr et ma survie en est la preuve.

Beaune-la-Rolande le 21 décembre 1942

Chers, très chers amis !

Où trouver les mots qui conviennent pour exprimer les sentiments qui nous animent à cette heure tragique au cours de laquelle se déroule notre pauvre et triste vie !

Comment vous traduire, amis très chers, la joie délirante qui m'assaillit à la lecture de votre chère lettre, si longtemps, et si impatiemment attendue !

Enfin ! une lueur, un éclair dans la nuit noire au milieu de laquelle je me débattais désespérément, perdu, éperdu, ayant perdu tout espoir !

Si vous saviez combien de bonheur j'ai ressenti en lisant vos quelques lignes si pleines d'amitié et de dévouement...

Quand je songe que voici encore peu de temps, je pouvais compter parmi les hommes heureux ! Je possédais une maison, j'avais un foyer, une femme que j'aimais, une enfant que j'adorais ! La tempête survint brusquement et en un instant tout fut emporté, et je n'avais plus rien ! Rien !!

Cependant dans cette tourmente qui a brisé ma vie, il me reste encore quelque chose de bon, de riche : c'est votre inaltérable amitié !!

Et vous venez de me le prouver. Enfermé !!! Dans cette enceinte entourée de fil barbelé, où gémit la souffrance, et où on patauge dans les drames, et où on heurte à chaque pas une tragédie plus grande et plus douloureuse que la nôtre !

Je promène dans ma nostalgie et les regrets le rayon de soleil qui réchauffe mon cœur transi en murmurant à tous les échos : ma fille est sauvée !! sauvée et en sécurité !!!

Et c'est à vous que je le dois !!!

Que de gratitude ! Que de reconnaissance je vous dois !!

Dès cet instant j'ai contracté envers vous une de ces dettes qui ne s'acquittent – dit un de mes amis – qu'« avec du sang » !!!

À partir d'aujourd'hui mes amis ma vie vous

appartient et je n'aurais pas assez de jours ni assez de nuits pour vous payer ma dette de reconnaissance !

Et voilà pourquoi je veux vivre ! Je veux durer... je veux lutter... vous me dites d'avoir du courage ! Eh bien j'en aurai, il le faut pour ma chère enfant pour ma pauvre et malheureuse femme pour vous et aussi pour moi !

Et voilà pourquoi encore, les misères, les souffrances que nous éprouvons ici journellement ne comptent pas pour moi ! les souffrances morales ! comment les guérir pour souffrir un peu moins ? Oublier serait salutaire ! Mais je ne tiens pas à oublier ! Mes douleurs, ma souffrance me sont aussi utiles que les autres besoins. Je veux vivre avec elles de jour et de nuit afin de me remémorer pour... peut-être... un jour...

Mais tranquillisez-vous ami Marcel, Madame Médée, cette souffrance-là n'abattra pas mon courage. Et j'espère que vous serez là pour me soutenir et me réconforter dans mes heures mauvaises, les heures tristes où naissent les défaillances !!!

Quant à ma chère enfant ! De bon cœur, de grand cœur je vous la confie ! Faites-en ce que vous dictent vos deux nobles cœurs ! Je suis certain qu'elle est entre de bonnes mains et qu'elle sera heureuse !

Remplacez son père et prenez la place de sa mère dans son petit cœur adorable.

Je voudrais qu'elle vous aime comme elle nous

aime! Et si un jour le bonheur voudrait notre réunion à tous, alors, alors! nous pleurerons des larmes de joie, des larmes de sang après de si rudes épreuves...

Concernant les colis, je pense que vous pourrez les adresser ici officiellement au nom de mon ami le tailleur, ainsi qu'une lettre officielle dont ci-joint une enveloppe, et cela jusqu'à nouvel ordre. Dans la lettre officielle vous pouvez tout écrire, sauf les sujets politiques, et remplir si vous voulez une feuille comme celle-ci. Tous les sujets de famille et d'affaires sont autorisés.

Dans les colis officiels il ne faut pas envoyer aucun article contingenté tel que : café, sucre, chocolat, beurre, œufs, conserves de viande, de poissons, de légumes, ni charcuterie. Mais vous pouvez envoyer <u>tous les fruits</u>, volailles, poulets, lapins cuits, oies, dindes, confiture faite à la maison, dans du verre ou pot de carton, ou en fer-blanc mais pas serti ni soudé.

Quand vous pouvez m'envoyer les autres articles interdits comme beurre, <u>viandes</u>, œufs cuits, conserves, charcuterie pâté rillettes, vous le ferez par l'intermédiaire de celle à qui vous avez adressé la lettre.

Je pense pouvoir vous envoyer ces jours la somme de 500 frs que je ne tiens pas à garder chez moi, je ferai ainsi au fur et à mesure que je gagnerai ici car tout mon argent m'a été enlevé lors de mon arrestation ainsi que celui de mon ami Jacques.

J'espère que vous me répondrez le plus tôt possible et me direz tout ce qui se passe chez vous.

Mon ami Jacques me charge particulièrement de vous transmettre ses meilleurs sentiments

Et moi je reste votre tout dévoué

Jacques

Pour les colis officiels adresser :

M. Jacques Radogovski
Camp d'Hébergement
Baraque n° 17
Beaune-la-Rolande
(Loiret)

COMMENTAIRE

Cette longue lettre datée du 21 décembre est seule de son espèce.

L'hiver entre dans sa réalité, l'existence au camp aussi après un mois. Le froid, la faim, l'absence de liberté, de nouvelles. Dans le système de correspondance établi avec le village, le circuit est long. Il ne fonctionne que de façon hebdomadaire, le dimanche avec les visites de Mme Weinberg de Baccon (voir lettre du 5).

Le 21 est un dimanche, il écrit dès réception de la lettre attendue du village. La fête religieuse partagée par tous les Français s'approche, Noël. C'est aussi la fête des enfants.

Toute la première longue partie est un chant de remerciement. Il vient d'apprendre du sauveur lui-même que l'enfant est bien arrivée au village, et en sécurité. La lettre atteste de sa gentillesse inédite, car dans mon souvenir l'enfant capricieuse s'est métamorphosée en un instant, craintive désormais, et non plus rebelle.

L'écriture acquiert une autre dimension, dans les mots choisis, les thèmes et aussi la disposition qui préserve les blancs et alinéas malgré la rareté du papier utilisé toujours sans marges aux bords extrêmes de la feuille. Comme si le père connaissait toute une rhétorique romantique des sentiments. A-t-il lu les poètes ? Victor Hugo si populaire pour incarner l'esprit de révolte et d'égalité français ?

Est-ce le phrasé du langage militant communiste pour enflammer les cœurs ? Je pencherais plutôt en ce sens, tendant à penser qu'il a fait ses classes dans les cellules du Parti, en Pologne d'abord, puis en France, aussi au camp.

L'adoration pour l'enfant soulève ce chant du salut et de la reconnaissance; donne une valeur sacrée à l'amitié-solidarité des hommes.

Me concernant, j'y lis un héritage bien lourd au-delà des années de l'enfance et de l'adolescence. La double redevance de ma vie au père disparu et à l'artisan. À l'un et à l'autre je n'ai pu manifester mes sentiments pour des raisons différentes. Coupable d'être là à la place de l'un, totalement dévouée à l'autre. Dévouée au sens antique, tel que la lettre le définit : une dette de sang qui ne s'éteint qu'au prix de sa vie.

Vie, sang, donation absolue. Des mots bien lourds pour toute enfant, pour toute existence.

Prenant conscience de ce poids et de cette dette, j'ai eu du remords pour l'artisan, j'en ai chaque fois que j'y pense. L'écriture me l'a rendu infiniment présent.

Qu'ai-je fait pour lui en dehors d'être comme il m'avait souhaitée, lettrée, laïque, ayant épousé le fiancé qu'il estimait et aimait ? Au moment de sa mort, à l'hôpital à Angers, je me souviens d'avoir fait le chemin, chaque jour si je le pouvais, de Caen à Angers pour rester près de lui et lui tenir la main au moment du passage redoutable, comme il l'avait fait, trente ans avant pour moi en venant me chercher à la gare Montparnasse, au milieu des uniformes luisants et des chiens.

En 2006 son couple est devenu « juste parmi les justes » lors d'une cérémonie mémorable au Mémorial de la Paix à Caen.

Peu à peu, chaque pas de ce qui est possible en fidélité à l'origine se fait.

Revenons au camp en ce dimanche de décembre peu avant Noël, pour déchiffrer l'état du père au-delà de la joie en majeur. *Glorificat.*

Les défaillances ont déjà pointé malgré l'entraînement et la lucidité du militant. La nouvelle qui vient de lui parvenir entraîne une conversion. Non de la faiblesse en force, mais de la souffrance subie à son usage actif au quotidien. Après la déploration nostalgique : *voici encore peu de temps, je pouvais compter parmi les hommes heureux…*

À partir d'aujourd'hui... je veux vivre! Je veux durer... je veux lutter...

Il faudrait oublier, ne pas se confronter au passé, mais la souffrance est source d'une nouvelle vaillance, elle interdit l'oubli dans la pensée de l'avenir.

Lucidité et confiance s'opposent. Dans un même temps le père veut espérer le retour, mais il confie avec gravité l'enfant à ses gardiens, une adoption morale qui prit tout son sens lors de la Libération quand des cousins revinrent pour m'emporter et que je demeurai un an, pleurant à l'orphelinat américain de Versailles, rue des Chantiers.

La lettre du prisonnier fonde une adoption vraie. Nul besoin de notaire, tuteur et subrogé tuteur comme ces quelques papiers administratifs de mon statut officiel, barbares et enfouis, déclinent la situation.

Pour l'enfant quel dilemme? Car tout cela existait même si je n'en avais pas connaissance, des intuitions laissaient filtrer le vrai.

Qu'était la fidélité à mon destin : oublier ou se souvenir? Reconnaître le faux pour le vrai?

Je m'y suis longuement entravée.

La part alimentaire ne manque pas, elle est décemment rejetée à la fin. On y constate la complication des règles édictées pour les colis, dont je ne saisis pas la logique, avec des contradictions où l'on se perd si l'on n'est pas historien. Le principe doit être la possibilité totale de contrôle et la volonté de préserver pour l'occupant les nourritures rares.

Je vois aussi dans les recommandations la très grande prudence d'un homme qui veut laisser le moins possible de traces, donnant l'adresse de son ami tailleur comme destinataire des nourritures. Confirmation de son rôle et de son habitude de militant.

Beaune la Rolande – ce dimanche 3 janv. 43

Mes chers amis !

Je n'ai rien reçu de vous, depuis votre 1re lettre
Qui m'avait tant ému !

Cependant, je vous ai écrit depuis 2 fois, et sans réponse !

Je pense que cela doit provenir de ce que l'adresse que je vous ai donnée pour me répondre n'est pas favorable pour ce genre de correspondance ! Aussi je me décide à changer de correspondant, et j'espère de cette façon arriver à renouer notre correspondance d'une façon régulière et suivie.

Je vous avais écrit dans une de ces lettres au sujet de ce qui se passe à Argenteuil ; et je ne sais ce que vous avez fait à ce propos ! Je n'ai rien jusqu'à présent de vous qu'un seul colis

Contenant 500 g beurre, 1 saucisse et 1 camembert, et c'est tout.

Je serais bien aise d'avoir des détails précis sur ce colis-là et aussi sur les autres colis, si vous m'en avez expédié depuis, leur contenance et la date de l'expédition !

Je vous ai également envoyé par le même correspondant la somme de 500 frs !

Que puis-je vous dire de plus chers Amis ?

Ma pensée, toutes mes pensées rôdent autour de vous !

Tout mon esprit est accaparé par cette idée : Que se passe-t-il chez vous ? Que faites-vous et comment allez-vous ?

Chez moi ! C'est toujours le même état d'âme !

C'est triste, monotone, et la nostalgie étreint le cœur dans un étau d'où l'on sort brisé !

L'âme est en peine, le cœur continue de souffrir !

Qu'il fasse beau, qu'il fasse froid, qu'il pleuve ou qu'il vente pour moi c'est tout un ! Mon regard est tourné, suspendu vers le lointain, là… où… mon enfant… s'ébat… et pense peut-être à sa mère absente… à son père aussi… qui est courbé lui, sous la double charge écrasante… ma femme !… ma fillette !…

Et ce jour de l'an qui vient de traverser ma vie laissera un terrible souvenir dans mon âme ulcérée et peuplée de tristes souvenirs où se mêlaient les scènes du temps passé !… ce beau temps si vite écoulé et déjà lointain ! Laval… Le Mans. Évron !!!

Arrêtons là, chers amis, et pour aujourd'hui ces peu réjouissantes pensées ! D'autres jours probablement viendront encore accabler notre sort ; aussi il convient de ne pas se laisser trop attendrir ! Il ne faut pas oublier que la lutte reste notre seule chance de sortir peut-être d'une situation terrible et tragique presqu'unique dans l'histoire !

Il ne faut donc pas se laisser entraîner à des gémissements et des lamentations qui affaiblissent notre volonté et notre courage ! Que la Destinée s'accomplisse ! mais veillons à être prêt de profiter de toute occasion qui s'offrira à nous pour tenter de nous échapper du sort qui nous attend !

… Ma santé est bonne et celle de mes amis, Jacques et sa sœur… et nous parlons souvent, très souvent de vous tous, chaque fois que nous le pouvons, et dans nos longues, trop longues veillées.

Donc adresser toutes mes lettres à l'adresse suivante ; Mme Michel à Chailles (Loir-et-Cher), c'est la femme de l'un de mes bons amis qui se hâtera de me la transmettre sans retard.

Pour les colis : – ceux comprenant beurre, camembert, saucisson, pâtes, toutes les conserves en boîte, toutes sortes de viandes cuites, œufs ! confitures pâtés fruits de toutes sortes, et tout ce que vous pourrez trouver de disponible sans trop de mal, le tout adressé aussi à Mme Michel à Chailly L et Ch qui transmettra ces articles représentant les articles contingentés en ajoutant les 5 à 6 kg de tickets de pain à Mme Michel.

Mais il reste les articles non contingentés, tels que lapin, poulet cuits, confitures en boîtes ouvertes ou en carton, toutes volailles fruits divers 4 à 6 œufs durs, noix ou noisettes. Ces articles vous pouvez les expédier directement ici au nom de

Jacques Radogovsky Camp de Beaune-la-Rolande (Loiret)

Sans vignette laquelle sera remise ici à l'arrivée.

Ci-joint également une enveloppe pour une réponse officielle courte parlant uniquement et sans crainte de nos affaires pouvant être et soumises à la Censure d'ici, en attendant celle plus détaillée adressée à Mme Michel.

Et maintenant chers amis je vous quitte en vous souhaitant une bonne et heureuse année, et j'attends avec impatience une prompte réponse.

Votre tout dévoué
Jacques

PS Est-ce qu'Hélène possède la paire de bottes que j'avais commandées de faire pour elle

---

COMMENTAIRE

Deux semaines seulement séparent cette dernière lettre de celle du 21 décembre, en fait un monde. Le rythme de l'emprisonnement est autre : lenteur du temps, de l'attente de nourriture et de nouvelles pour résister à la réalité du manque de tout.

La proportion est inversée, la nourriture du corps occupe la première place, elle ouvre et clôt la lettre. Cette insistance à récapituler le peu qui a été reçu, l'ensemble une fois de plus des envois permis, comme s'il fallait ouvrir chaque fois l'éventail des possibilités, équivaut à un cri pour la survie.

Le prisonnier quitte le terrain lyrique et sentimental pour le terrain pragmatique des nécessités. Selon l'habitude des militants puisqu'il y a défaillance, du moins il le croit, dans le rythme des envois, il vérifie les circuits et les adapte. Changement de médiateur. Un sursaut, car il faut se donner le sentiment de pouvoir infléchir le cours des choses, appeler toute l'expérience passée à la rescousse : contrôle *a posteriori*, énumération, modification.

L'interminable écoulement d'un temps sans durée, fixé à un seul point d'attente et de salut : le correspondant du village et les colis. On était loin de mourir de faim à Évron, les campagnes étaient à la sortie, les fermes abondantes, mais il fallait aussi conquérir sa nourriture. Je me souviens que le repas du soir consistait pendant les années de guerre en une bouillie de froment brûlante sous sa couverture solidifiée qui venait d'une seule traite et brûlait la langue. Le chocolat, une orange étaient un cadeau précieux, seulement à Noël, pour une très grande occasion. Mais pour les hommes affamés...

La rupture momentanée du contact entraîne avec elle les mauvais démons, la nostalgie, la fuite dans une imagination qui s'exprime en pointillés, affaiblie elle aussi. Souvenirs d'un bonheur perdu lié à la campagne mayennaise, avec les noms des stations de train, le plaisir du voyage. À mi-longueur de la lettre, le dialogue repris avec le destinataire remplit son office, le moral se redresse, la lucidité combattante revient : *Il ne faut pas oublier que la lutte reste notre seule chance de sortir peut-être d'une situation terrible et tragique presqu'unique dans l'histoire !*

Pressentiment juste, il ne faut plus rêver d'un avenir proche et meilleur. Lutter, s'échapper est la seule issue. Il ne parviendra pas à sortir, à s'en sortir.

En saisissant ces lettres sur l'ordinateur – je ne l'avais jamais fait – je pénètre dans l'esprit même de mon père, son fléchissement, et pour la première fois, après soixante-dix ans, j'éprouve de la haine. L'écriture, même s'il s'agit de recopier, nous met à la place de.

La qualité de la langue, la maîtrise des locutions courantes pour signifier les mesures pratiques à prendre, le changement lyrique quand il s'agit de sentiment me frappent. Où avait-il appris et perfectionné un tel maniement ? Encore une fois le passage évoquant la nostalgie avec la suite des points de suspension est composé spontanément comme un poème, rythmé en vers pairs, décasyllabes ou alexandrins. *L'âme est en peine, le cœur continue de souffrir.*

Toutes ces âmes en peine évoquées par Virgile dans la descente d'Énée aux Enfers, condamnées à errer cent ans avant de trouver une sépulture pour entrer de l'autre côté dans la barque de Charon.

Mardi 5/1/43

Chers Amis !

Je viens enfin de recevoir votre lettre avec une joie indescriptible !!

Je vous avais déjà écrit et prêt à l'expédier. J'ajoute donc quelques lignes

Et vous répondrai très prochainement et plus longuement.

Pour les poulets ou lapins cuits vous pouvez expédier ici directement

Les fruits sont autorisés, vous trouverez ci-contre quelques articles non contingentés.

Quant au délai, si le colis ne dépasse pas 3 kg emballage compris vous pouvez expédier en paquet lettre. Recommandé cela va aussi vite qu'une lettre c'est-à-dire 2 jours.

Si vous ne voulez pas expédier ici, faites vider bien les volailles et vous pouvez expédier crus avec le reste à Mme Michel qui fera le nécessaire.

J'attends avec impatience le résultat de votre voyage à Argenteuil.

Je serais heureux de toute façon de recevoir de vous au moins une fois par semaine

quelques lignes seulement pour ne pas perdre votre temps,

adresser au nom de Radogovski ou par l'intermédiaire de Mme Michel.

Je n'ai pas reçu les tickets de pain !!!!

Je vous embrasse tous de tout cœur.

Votre dévoué
Jacques

Mardi le 5 janvier 1943

Ma chère petite chérie adorée

J'ai reçu ta chère petite lettre,
et je suis heureux de voir
que tu vas bien.
Je n'ai pas le temps
ce matin de t'écrire longuement
mais je t'écrirai bientôt.
Je me porte très bien
ainsi que maman.
Tu recevras bientôt de moi
une bonne surprise, et en attendant
je t'embrasse bien fort

ton papa Jacques

COMMENTAIRE

Deux petits feuillets en ajout à la lettre précédente : l'un recto-verso pour l'artisan. de cette écriture rapide, à l'encre noire. Un petit feuillet simple pour l'enfant en gros caractères, tracés avec application. .

Comme je l'ai écrit, je n'ai aucun souvenir de la lecture de ces lettres. Je n'étais pas encore capable de la faire directement. Mon seul souvenir de la maternelle à Argenteuil – était-ce le matin où le père n'est pas venu à la sortie ? – est une séance musicale où j'étais pourvue d'un triangle. La lecture de l'artisan, je ne m'en souviens pas non plus. Le connaissant, elle devait être particulièrement malaisée à cause de l'émotion ;

Il signe *ton papa Jacques*. Il y a maintenant concurrence entre papa Jacques et papa Marcel. Je ne sais plus combien de temps il m'a fallu pour appeler l'artisan papa. Dans le village, on savait parfaitement qui j'étais, j'avais gardé mon nom, mais ne fus jamais inquiétée malgré la présence d'un camp allemand. Les habitants me désignaient comme *la petite Médée*, un nom bien lourd à porter, même s'il n'était pas juif. Mais qui le savait ?

Les taches ont roussi le papier, l'écriture demeure très lisible, déterminée.

J'y mesure aujourd'hui l'étendue de la fiction qui se déployait autour de moi.

Papa maman en bonne santé font un bon voyage. Je les attends gentiment.

Comment ne pas s'éprendre des invisibles ? C'est une passion qui m'est venue plus tard, au fil de mes découvertes et de mes écrits, dialoguer avec les fantômes. Mais elle est déjà là, à mon insu dans l'enfance, sous la forme des rêves mystérieux du ciel. Surtout celui de la petite fumée qui s'élève, aspirée par un infini soustrait à la vue. La montée est irréversible, signe de disparition pour moi qui suis l'œil mais aussi le fil de fumée. Terrifiée à mesure qu'il s'estompe.

Je situe ce rêve qui s'est reproduit, environ un an après mon arrivée au village. En novembre 1943 ma mère – comment dire ? – fut tuée, massacrée, exterminée à Auschwitz ? Aucun mot ne convient. Rayée dans sa mort et dans sa vie. Cette métaphore de la fumée, seule elle peut me l'avoir soufflée. Une image abstraite pour que l'enfant n'en meure pas. Mais la terreur s'emparait de moi à l'instant qui précédait la disparition. Un refus d'accepter.

Et les divagations dépressives, plus tard, dans le jour aussi en plus de la nuit ? Je parcourais un non-lieu, peuplé de non-êtres, voulus tels par leurs bourreaux, cherchant à retrouver quelque chose de l'humanité enclose en chacun. Déambulations fantastiques où les temporalités s'échangent.

Ainsi je reprends maintenant les mots du père comme présents. Je suis à la fois le père et l'enfant. L'amour flotte autour de moi, celui des massacrés dans la fleur de la jeunesse. Ils étaient beaux et aimants, avaient le respect de la vie. Ils ont su m'aimer pour mon existence, et je voudrais leur rendre présence et vitalité.

Ce dimanche 17/1/43

Mes chers amis !

Je réponds à vos 2 lettres, l'officielle et celle envoyée par Mme Michel.

La joie et l'émotion sont toujours aussi vives dès qu'on se trouve en présence d'une missive venant de ceux qui ne quittent pas notre pensée, ni de jour ni de nuit.

Cette vie de reclus, d'isolés, pour ne pas dire de « maudits » que nous vivons n'offre aucune autre ressource à l'âme et au cœur surtout.

Aucun autre plaisir ne peut compenser la perte qu'a subie tout notre être depuis ce jour fatal où d'un seul coup, d'un seul jet, nous fûmes pour ainsi dire rayés du nombre des humains !!

Quand un convoi part vers une Destination toujours Inconnue, le chef de camp, comptable et responsable de notre présence, reçoit quand il se sépare de nous cette mention :

Reçu 1 000 juifs et un lot de pièces d'Identité !

Comprenez-vous chers amis l'horreur de cette pensée !! Nous ne sommes plus ni un nom, ni un prénom ; nous sommes un lot, un troupeau qu'on mènera Dieu seul le sait – peut-être vers l'Abattoir ! Voilà pourquoi on nous compte chaque jour matin et soir, pire que du Cheptel !!!

Mais laissons ces pensées trop tristes !

Nous n'avons même pas le droit dans notre situation de nous y arrêter, de nous y attarder !!

Il faut garder tout notre sang-froid et tout notre courage pour les jours qui viennent !!

Il nous faut être et rester forts, et intrépides en face du danger et de la menace qui plane sur notre tête !!!...

Et maintenant, chers amis, parlons un peu de nous !

J'ai également reçu votre dernier colis envoyé officiellement. Il est arrivé en bon état et a mis 2 jours. Donc vous voyez que cela voyage assez rapidement et je ne puis que vous remercier de votre sollicitude envers moi; nous avons dégusté votre lapin que nous trouvâmes délicieux ainsi que les pommes, ainsi que les œufs.

Nous, c'est-à-dire mes amis, nous sommes les 3 mousquetaires, sans compter d'Artagnan de 62 ans!

Nous causons souvent de vous!

Tout le monde est d'avis que dans mon malheur je dois me considérer comme privilégié; ayant de si braves, de si loyaux amis qui veillent sur moi!

Tous les colis reçus par chacun de nous est mis en commun et c'est ainsi que notre misère morale est atténuée un peu par la bonne camaraderie que nous avons rencontrée.

Que vous dire de notre vie courante?

La vie d'un camp de prisonniers, avec le minimum de soins; comme nourriture juste ce qu'il faut pour ne pas mourir de faim!

Légumes à l'eau, 200 g de pain par jour, un peu de café, ce sont là la plupart du temps notre seule et unique nourriture.

Le Ruta naturellement domine partout et un bol de soupe et un bol de ruta ne peuvent suffire à remplir le ventre de tous ces hommes et femmes jeunes et même vieux pour un repas!

Et voilà pourquoi on voit dans le camp ce spectacle original mais symptomatique : presque tous se promènent avec une boîte à conserves remplie d'un reste de légumes « rabiot » et la déguster religieusement et même la nuit on entend claquer la cuillère et le grignotage d'une carotte crue et aussi d'un ruta cru resquillé dans quelque coin!!

Et voilà pour la vie presqu'animale!!

Correspondance officielle nous avons droit à une lettre par semaine, aller et retour

du moment que le format courant de papier à lettres ne dépasse pas le contenu d'une feuille recto et verso. Comme celle que vous nous avez envoyée; peut contenir tous les sujets concernant famille et affaires de famille et autres sujets courants qui sont à la connaissance du public. Nous avons droit de lire les journaux! Ce qui vous explique que les événements généraux nous sont connus, bien entendu de la façon mentionnée par ces journaux.

Mais nous avons assez de sens commun pour lire et deviner ce qui se passe entre les lignes.

Je suis connu, moi, pour le plus grand Expert de savoir comprendre exactement et découvrir la vérité cachée derrière chacun de leurs Communiqués.

Donc dans la lettre officielle vous pouvez tout me dire, me ou nous concernant, ne gardant pour la lettre de Mme Michel tous les détails concernant Argenteuil et autres sujets similaires.

La Censure est appliquée au camp par les soins de l'administration française qui ont seuls le droit de laisser passer ou supprimer ce qu'ils jugent subversif.

Je ne crois pas que notre correspondance soit lue par l'administration allemande.

Mais nos vigilants gardiens pensent qu'au cas où cela se produirait par hasard, il faut que ces Messieurs ne trouvent rien à dire, et voilà pourquoi – prétendent-ils – ils appliquent rigoureusement la consigne.

Mais par-dessus la correspondance officielle s'est greffée celle des privilégiés qui ont trouvé moyen grâce à la bienveillance de certains Français (Il y en a encore en France) laquelle passe entre les mailles et facilite les relations au dehors pour lettres aller et retour et même pour transmission de colis qui sont interdits officiellement.

Sur ce terrain également je suis un privilégié car mon travail le seul utile et même indispensable au camp, me permet d'être en relation avec quelques-uns de ces Messieurs qui acceptent moyennant la redevance de 20 frs pour l'aller et autant pour le retour de donner de mes nouvelles comme bon me semble. Tel est le secret de notre correspondance.

Ma santé est très bonne d'autant plus que mon esprit est tranquillisé pour tout ce qui concerne ma petite et chère Hélène, et cela c'est encore à votre noble dévouement que je le dois !

Comment parviendrai-je à m'acquitter envers vous ?!

Je continuerai à correspondre avec vous la plupart du temps par le canal de Mme Michel dont le mari constitue le fameux d'Artagnan, ami et mentor !

Je suis heureux de savoir que ma petite Hélène va aller à l'école et qu'elle est joyeuse et contente. Espérons qu'elle finira par s'habituer à ne pas trop penser à ses malheureux parents.

Bottes – Sont celles que j'ai laissées à refaire. J'attends avec impatience des nouvelles de votre voyage à Argenteuil et j'espère de tout cœur que vous soyez parvenu à récupérer le maximum.

Quant à M. Monnet je tiens à vous faire savoir qu'il a été le premier à qui j'ai écrit dès mon incarcération – il ne m'a même pas répondu !

Et je termine ma lettre mes chers amis en vous remerciant de tout mon cœur pour votre grande amitié envers moi et les miens.

Votre dévoué
Jacques

J'ai rompu avec Mme Weinberg rapport aux 500 frs qu'elle ne vous a pas transmis mais je pense que je les récupérerai.

COMMENTAIRE

C'est la plus longue lettre d'une écriture noire courant jusqu'à emplir les marges, sans interstice ou presque, avec des ajouts dans le sens vertical.

Beaucoup d'allant et de maîtrise. Le prisonnier a reçu deux lettres et un colis. Le système de correspondance, qu'il a voulu modifier, marche mieux, avec efficacité et brièveté. On aura à la fin, dans l'ajout terminal, la cause du changement de médiateur qui n'avait pas sur le coup été dite. Pas d'acrimonie, de ressentiment contre qui profite lâchement de la faiblesse du prisonnier, de son impuissance pour le voler, le trahir.

La lettre est riche d'enseignements sur la vie du camp sous de nombreux aspects. Un bonheur d'expression nous communique bien l'état d'esprit ou les situations décryptées.

La diversité des moyens d'expression m'étonne au fur et à mesure de mon travail. Sur des thèmes identiques de lettre en lettre, il y a renouvellement dans le langage. Le choix des termes et le rythme sont accordés au moment psychologique.

Le début de la lettre, son ouverture au sens musical, *cette vie de reclus, de « maudits »*, manifeste un tel plaisir d'user du français que j'en reste stupéfaite. D'où cela a-t-il bien pu lui venir ?

L'anonymat, l'inconnu trouvent ici une justesse du dire qui est rare.

Le lamento inaugural ne sera pas d'ailleurs la tonalité majeure dans la suite. Beaucoup de renouvellement et d'informations dans cette lettre.

Le combattant responsable de lui et des autres se révèle ensuite comme cela n'a jamais été le cas jusqu'ici.

Il sait qu'il ne faut plus rien espérer que de soi, sans illusions ni rêves pour l'avenir. La seule chance consiste à garder son sang-froid, son courage pour profiter de l'occasion si elle se présente. Pas d'utopie, la guérilla.

Tous les thèmes habituels sont repris sur un mode tonique : la nourriture, la censure, la solidarité, la collaboration. Il y a le goût de transmettre des scènes pour faire imaginer de façon sensible à quoi ressemble la vie des prisonniers. De l'humour.

Analyse des individus et aussi du système.

La lettre qui est la plus complète, la plus descriptive de l'ensemble, décline tous les tons, de la nostalgie au combat, à l'ironie.

Lettre testamentaire, douloureusement si on lit de près, jusqu'à souhaiter que chez l'enfant meure la mémoire des parents.

Dimanche soir

Ma chère petite fillette adorée!

J'ai bien reçu ta petite lettre et je suis très content de savoir que tu vas à l'école et que tu apprends bien. J'espère que tu deviendras une bonne petite écolière, et que ta maîtresse sera satisfaite; et surtout que tu seras gentille avec Madame et Monsieur Médée qui t'aiment bien.

Maman me demande de te dire qu'elle t'embrasse bien fort mais qu'elle ne peut pas venir te voir maintenant; nous attendrons le beau temps.

J'espère que tu as reçu les deux chiens.

Cette semaine je t'expédierai une belle chambre à coucher pour ta poupée.

Je termine ma lettre en pensant à toi tout le temps et nous t'embrassons tous deux de tout notre cœur.

Ton papa
ta maman qui t'aiment bien

Jacques
Fanny

COMMENTAIRE

Un double feuillet d'écolier en gros caractères. Ce même dimanche 17 janvier que la longue lettre. L'amour le plus absolu et les quelques mots les plus simples : aimer, les diminutifs d'affection et chaque fois la totalité énoncée. Il n'est pas possible de dire plus.

J'ai un vague souvenir des cadeaux évoqués que l'exposition sur Drancy au Mémorial de la Shoah a rappelés dans une brume lointaine à ma pensée. Mais ils n'ont pas été préservés, à la différence des lettres.

La route était tracée, oh combien ! Bonne écolière, bonne enfant. Il n'y avait pas d'autre destin disponible pour moi. J'ai occupé la place comme il m'était recommandé. Sortir de la fiction dans laquelle j'avais été enfermée par leurs soins pour ne pas souffrir, ce fut par contre une tout autre affaire ! Un roman.

Je lis, je découvre vraiment les mots qui s'adressent à moi, je les dis et je les entends de ma place vieillissante d'aïeule de mes propres parents. Comme c'est étrange, ces ruptures et ces tremblements dans le déroulé des destins et du temps. Nous sommes à l'heure présente, elle seule compte. L'horloge n'est pas détraquée, c'est l'histoire qui le fut et qu'il faut bien remettre à l'endroit, du moins pour soi au-dedans, malgré la vastitude stérile de Birkenau que les vents porteurs de renouveau n'atteindront pas.

Beaune – le 28/1/43

Mes chers Amis !

J'espère que rien de grave ne s'est passé chez vous ! Voilà près de 3 semaines que je suis sans nouvelles de vous ! Et je vous serais très obligé de bien vouloir me donner au plus tôt de vos nouvelles.

Quant à moi je vais aussi bien que possible, ma santé est bonne et je continue de travailler.

J'ai reçu également des nouvelles d'Argenteuil ! Malheureusement les nouvelles ne sont pas très bonnes. Tout va mal de ce côté.

Mais je ne puis rien faire et je suis impuissant à essayer d'arranger pour faire quelque chose.

Et je pense que si vous n'êtes pas allés là-bas, il est inutile de vous déranger.

Il ne faut pas se décourager et il faut avoir le courage de surmonter son chagrin et sa peine ; et espérer dans des jours meilleurs.

J'ai bien reçu votre colis qui a mis 2 jours pour me parvenir en bon état : et vous pouvez m'adresser un autre si possible dès que vous pourrez.

J'espère qu'Hélène va bien ainsi que toute la famille.

Et en attendant de vos bonnes nouvelles je vous embrasse de tout cœur.

Votre dévoué
Jacques

La lettre est tamponnée de la censure de Beaune.

Drancy le 1er février 1943

Mes Chers Amis

Me voici arrivé
au camp de Drancy.
Ma santé est très bonne, mais je suis un peu fatigué aussi
je vous écrirai plus longuement une autre fois.
Nous avons ici le droit de recevoir des colis chaque semaine de 3 kg 600
avec tous les produits même contingentés.
Vous pouvez donc m'adresser un colis avec
pain, beurre, fromages et ce que vous pourrez,
mais surtout pas de tabac ni cigarettes par colis express.
Écrire bien lisiblement le n° du matricule.
J'espère que vous allez tous bien et recevoir bientôt de vos nouvelles.

Vous pouvez répondre à la plume.
Veuillez informer M. Thevenot de mon changement.
Je vous embrasse tous les quatre

Votre dévoué
Jacques Wajsbard

L'enveloppe a été écrite aussi au crayon et donne dans un angle les coordonnées, N° Mle 32122 suivi de l'adresse complète Escalier 7 3e étage Camp de Drancy.

Enveloppe, carte recto-verso sont en papier carton mince. Estampillé du 5-2.

En réponse, à la date du 8 février 43 :

Mon cher Jacques

Bien reçu ce matin la carte du 1er courant. Je t'avais écrit il y a huit jours à Beaune. Nous allons tous bien. Les gosses grandissent en sagesse. Hélène a rapporté des notes magnifiques de son école le mois dernier, elle était très contente. Michel est toujours aussi espiègle.

Je pense pouvoir t'envoyer un colis ces jours-ci, peut-être demain si je trouve ce que je veux car ce n'est pas toujours facile.

Donne-nous de tes nouvelles autant que tu le pourras. Cela nous fait toujours grand plaisir.

Je te quitte pour ce soir, te souhaitant bonne santé, bon courage en t'embrassant pour nous tous.

À bientôt de te lire

Marcel

Carte formulaire de Drancy. Envoyée le 9 du village d'Évron. Adresse du destinataire barrée, avec le tampon violet : Retour à l'envoyeur.

Au-dessus, noté au crayon de couleur rouge : Transféré – Sans adresse.

Le 10 févr 1943

Chers Amis

Demain le 11 nous partons !
Destination inconnue !!!
J'ai du courage et de l'Espoir
J'ai confiance en vous qui ferez tous votre devoir.
Je n'ai pas reçu de colis de vous !
Ni de nouvelles
C'est dommage.
Je vous embrasse tous

Jacques

COMMENTAIRE

Réduction à l'essentiel. Quelques lignes sur le format obligé au verso de la carte officielle.

Tout s'amenuise.

Le crayon pourtant a tenu le coup. Le poème s'est imprimé dans la mémoire.

Pas un mot de trop. Chacun porte : Espoir, courage, confiance, devoir.

Message à portée universelle, pas seulement Marcel, ni la famille d'où Hélène n'est pas distinguée, mais les proches et tous ceux qui sont concernés par le sort énigmatique et révoltant des déportés.

Pour l'enfant, la donation a été faite dans le courrier précédent.

Père sans illusions, mais avec fermeté.

Un trait de crayon, un souffle…

Des mots lestés d'avenir pour les survivants.

Et l'enfant qui fut malade si longtemps ce jour anniversaire..

La vie se retirait jusqu'au jour où elle l'a retenue d'un trait de crayon.

Table

Réalisation : Christian Bourgois éditeur
Impression : CPI Firmin-Didot à Mesnil-sur-l'Estrée
Dépôt légal : mai 2013. N° 2210 (117574)
Imprimé en France